经济管理学术文库 • 管理类

知识密集型服务系统的服务价值共创研究

Research on Service Value Co-creation of Knowledge-intensive Business Service System

安　静 / 著

图书在版编目（CIP）数据

知识密集型服务系统的服务价值共创研究/安静著．—北京：经济管理出版社，2013.12

ISBN 978-7-5096-2850-8

Ⅰ．①知… Ⅱ．①安… Ⅲ．①服务经济—价值—研究 Ⅳ．①F719

中国版本图书馆 CIP 数据核字（2013）第 286332 号

组稿编辑：杨　雪
责任编辑：张　艳　杨　雪
责任印制：黄章平
责任校对：陈　颖

出版发行：经济管理出版社
（北京市海淀区北蜂窝 8 号中雅大厦 A 座 11 层　100038）
网　　址：www. E-mp. com. cn
电　　话：（010）51915602
印　　刷：北京京华虎彩印刷有限公司
经　　销：新华书店
开　　本：720mm×1000mm/16
印　　张：13
字　　数：160 千字
版　　次：2013 年 12 月第 1 版　2013 年 12 月第 1 次印刷
书　　号：ISBN 978-7-5096-2850-8
定　　价：42.00 元

序

随着生产型经济的高度成熟以及IT技术的飞速发展，全球产业结构明显表现出加速向后工业化服务经济转型的趋势，这已成为21世纪全球经济的典型特征。尤其是在以美、日、欧为代表的发达国家及地区，以服务为主导的产业结构正在形成。这主要体现在服务业增值水平、从业结构以及IT服务供应商的销售结构变化上。虽然服务在全球经济中拥有如此大的规模，产出在经济结构中的比重使之日趋占据支柱地位，然而其背后却是相对较低的生产力和客户满意度。与之形成鲜明对比的是，到目前为止对服务的系统研究较农业和工业是少之又少，服务在所有的研发支出中占不到20%，而且以往以服务为研究对象的服务管理和服务营销强调人的直觉与经验。如何解决日益增长的服务需求与服务低效率、高风险间的矛盾已经迫在眉睫。这就要求将“服务”提升到一个前所未有的高度，并由此推动一个新兴研究领域的发展。服务科学的概念正是在这种背景下提出的，目的在于提供服务创新理论和实践，提高服务生产力。

知识密集型服务在整个服务经济中占据重要的比例，因此对知识密集型服务系统的服务价值共创研究将成为服务科学的核心研究问题。这项研究不仅开拓了价值研究新视角，而且为逐渐丰富、完善服务科学的研究体系发挥重要的作用，同时也通过对情报学和服务科学的关系研究不断拓展情报学理论研究与实践应用范围。

首先本书通过概括归纳引入了全书研究的理论基础之一、21

世纪的新兴学科服务科学的基本理论知识，对一些基本概念进行了界定。由于知识服务是情报学界的前沿研究领域，而服务科学的主要研究对象为知识密集型服务，因此两种学科之间必然有紧密的联系。接着从跨学科性、多方法性的相似点，研究对象、研究领域、理论基础、学科体系等不同点，研究方法借鉴、交叉研究领域等联系，共三个方面对情报学和服务科学两种学科进行了比较分析，着重强调了两种学科之间的联系。最后指出可以借鉴情报学的一些成熟的研究方法对服务科学相关课题进行研究，而且在一定程度上可以说服务科学的相关研究是情报学的又一新研究领域，扩展了情报学的应用研究范围。

接着阐述了全书的另一重要研究基础——服务价值共创基本理论。在对知识密集型服务的了解基础之上，对其概念和分类进行了界定，并详细阐述了知识密集型服务中知识的创造和流动；构建了知识密集型服务系统的结构框架，共确定了九个要素，其中流程和活动、参与者、信息和技术这四个要素构成了服务系统，其他五个要素产品和服务、顾客、环境、基础设施有助于对情境的理解；通过建立服务系统四重循环学习模型和生命周期模型，揭示了服务系统动态演化规律。

本书介绍了新型服务经济及其十大假设，并与传统经济在价值创造方面进行了对比分析；明确了服务系统中价值及价值共创的含义，概述了当前价值共创的几种典型观点，并引入了马克思主义价值论，为后续研究奠定了坚实的基础。

然后本书对服务价值共创实现基础（价值网络）进行了分析研究。在对网络及价值网络的研究基础之上，提出了服务价值网络概念模型，认为服务价值网络包含五种类型的参与者：消费者、服务提供者、第 1 层推动者、第 2 层推动者、辅助推动者，而且进一步指出服务价值网络中的价值是通过 B2B（Business - to - Business）、B2C（Business - to - Consumer）、C2C（Consumer - to - Consumer）关系组成的复杂组合创造出来的，并受其所在的社会、技术、经济和政治环境的影响。接着对其每个组成部分进行了详细论述，并对价值网络的复杂性及 ICT（Information and Communication Technology）在价值网络中的作用进行了分析。

通过对当前几种服务模式的介绍，在服务蓝图理论发展的基础上，本书结合知识密集型服务价值创造的特点，突破当前对服务系统中的价值从不同利益方的角度分别进行研究的局限，从“价值共创”的整体角度构建了服务价值共创实现新模式，更关注顾客的活动和行为，它共有六个组成部分：顾客（前台）可视行为、顾客（后台）不可视行为、雇员（前台）可视行为、雇员（后台）不可视行为、支持过程以及有形展示，详细剖析了每一个组成部分，并说明了构建过程及特点等。

服务系统之间的价值共同创造交互作用称为服务交互，而服务系统之间的许多交互作用并不是服务交互，ISPAR（Interact - Serve - Propose - Agree - Realize）模型勾画了任何两个服务系统之间的十种可能交互结果，并对每一种交互结果进行了具体分析；以此为基点并在前文研究基础上构建了服务系统之间的服务价值共创体系，揭示了价值共创的本质：交互和网络，现象和经验；通过对电子商务类知识密集型服务系统的了解，总结了服务价值创造动力，即效率、互补性、锁定和创新。

最后本书构建了服务价值共创能力的三级评价指标体系，综合运用层次分析和模糊评价方法对电子商务类知识密集型服务系统的服务价值共创能力进行了实证评价研究，为具体企业或行业明确客观地认知自身的服务价值共创能力及在同行业中的地位提供了有力论证。

前　言

当前对服务科学及其相关内容的研究仍处于初步探索阶段，对服务价值的内涵及共创等有多种不同定义形式和研究视角，尚未达到统一的认识。

对服务系统中的价值研究，大都从服务系统中各利益方的不同角度分别进行研究（如测度、评价等），因此无形之中将服务价值共创的互动过程隔离开了，极少有人从价值共创的整体角度对“价值”进行研究，而且对服务价值的（评价）研究应该放在一个特定、具体的服务模式中，才更具有针对性。比如在服务蓝图勾画的服务中，该如何研究价值创造过程？除了服务提供者和顾客，还有哪些利益方和资源参与价值共创的过程？是否服务系统中所有涉及到的系统和资源都参与价值创造过程？价值共创到底涉及哪些过程？又有哪些因素及其变化影响并制约着该共创过程？其中最关键的因素是什么？信息不对称及难以显化的隐性知识对价值共创又有哪些不利影响？价值共创不是静止不变的，而是一个动态的趋于更好的变化过程。那又是如何演变的呢？其演变的机理是什么？又有哪些因素决定着其演进的速度和方向呢？ICT 在价值共创的动态过程中到底发挥着怎样的作用呢？

从目前的研究成果来看，极少有人对上述系列问题进行系统地研究并提供令人满意的答案，因此具有较大的研究空间。对服务系统中的价值共创研究是服务科学的核心研究问题，将为解决当前服务经济面临的迫切问题——如何提高服务效果与风险的可预测性、如何提高服务的效率、如何柔性满足客户差异性需求等——提供重要的参考依据，从而为科研机构及企业进行相关理论研究及实践奠定基础，进而推动我国乃至全球服务经济的快速、健康的发展，因此具有重要的理论价值和实践意义。而知识密集型服务在整个服务经济中占据重要的比例，鉴于以上考虑，本书拟对知识密集型服务系统的服务价值共创动态过程进行系统的研究。

全书内容共分 8 章。第 1 章绪论主要讲述了研究背景与意义、国内外相关研究综述、研究方法与技术路线、研究范围及主要研究内容和创新点；第 2 章服务科学理论基础，主要介绍了服务科学、服务系统和服务的基本知识；第 3 章主要探讨了知识密集型服务系统的服务价值共创基本理论，内容涵盖知识密集型服务的相关知识、新型服务经济理论、知识密集型服务系统的结构框架、服务系统演化与服务价值理论；第 4 章主要构建了服务价值网络，并对价值网络中的价值、价值网络的复杂性以及 ICT（Information and Communication Technology）在服务价值网络中的作用进行了探讨；第 5 章对知识密集型服务系统的服务价值共创实现模式进行了探讨，通过对当前几种不同服务模式的介绍并结合知识密集型服务价值创造的特点，在借鉴前人相关研究的基础之上，尝试构建了服务价值共创实现新模式；第 6 章在对服务系统之间的交互作用研究基础之上，构建了知识密集型服务系统之间的服务价值共创体系，并揭示了价值共创的本质和知识密集型服务系统尤其是电子商务企业的服务价值创造动力；第 7 章通过构建三级评价指标体系，并综合运用层次分析—模糊综合评价方法对电子商务类知识密集型服务系统的服务价值共创能力进行了评价实证研究；第 8 章对全书进行了总结并提出了未来研究方向。

本书突破当前对服务系统中的价值从不同利益方的角度分别进行研究的局限，从“价值共创”的整体角度进行研究，构建了知识密集型服务系统的服务价值共创实现新模式，更关注价值共创过程中顾客的活动和行为，并构建了具体实例；构建了知识密集型服务系统的服务价值共创能力评价指标体系，并综合运用层次分析和模糊综合评价方法对电子商务类知识密集型服务系统的服务价值共创能力进行了实证研究。

本书的编辑出版得到了经济管理出版社的大力支持，在此对他们的辛勤工作表示衷心的感谢。同时，本书在写作过程中借鉴和引用了大量国内外相关著作、教材、论文等，尽可能在参考文献中列出，在此对这些文献资料的作者表示真诚的感谢。

由于作者水平所限，书中难免有不足和错误之处，恳请读者、专家、学者给予批评指正。

目　录

1 绪论

1.1 研究背景与意义

随着生产型经济的高度成熟以及 IT 技术的飞速发展，全球产业结构明显表现出加速向后工业化服务经济转型的趋势，这已成为 21 世纪全球经济的典型特征。尤其是在以美、日、欧为代表的发达国家，以服务为主导的产业结构正在形成。这主要体现在服务业增值水平、从业结构以及 IT 服务供应商的销售结构变化上。据 2004 年的统计数据，服务占美国 GDP 的 70%之多①，在其他工业国家也是相似比例，在大多数发展中国家 GDP 中，服务占 50%以上。从全球范围来看，40%的劳动力人口受雇于服务行业，而农业为 38.7%，工业为 21.3%②。而且，在工业行业中，全球对硬件产品的竞争越来越聚焦于价格之争，于是企业谋求另一条出路——转向为其产品增加服务的实践。世界制造巨头 IBM 的销售结构呈现向服务加速转移的趋势，其软件、硬件业务的份额已从初期的 90%以上降到低于 50%，而服务方面的业务则已超过 50%③，而在 20 世

---

① Surinder Prakash. Value – Added Services: Best Practices [R]. IBM Research. November 2004: 3.

② Spohrer J. Service Science: The Next Frontier in Service Innovation—IBM Interview with Jim Spohrer [R]. Singapore: IBM Singapore Pte Ltd., 2007.

③ Chesbrou Gh H., Spohrer J. A Research Manifesto for Services Science [J]. Communications of the ACM—Special Issue: Services Science, 2006, 49 (7): 35 –40.

纪90年代以前则几乎为空白。

虽然服务在全球经济中拥有如此大的规模，产出在经济结构中的比重使之日趋占据支柱地位，然而其背后却是相对较低的生产力和客户满意度：IBM 2004年度报告显示其服务的利润率（Profit Margins）仅为25%[①]，而日本在过去的几年中，其整个商业服务行业的利润率较其他行业下降得更多[②]，美国10%～50%的IT商业服务未能达到客户期望[③]。然而与之形成鲜明对比的是，到目前为止对服务的系统研究较农业和工业是少之又少，服务在所有的研发支出中占不到20%[④]，而且以往以服务为研究对象的服务管理和服务营销则强调人的直觉与经验[⑤]。如何解决日益增长的服务需求与服务低效率、高风险间的矛盾已经迫在眉睫。这就要求将“服务”提升到一个前所未有的高度，并由此推动一个新兴研究领域的发展。服务科学的概念正是在这种背景下提出的。目的在于提供服务创新理论和实践，提高服务生产力。《New York Times》载文评论“服务科学已是大势所趋……”[⑥]，《Business Week》载文称服务科学和服务创新是“当务之急”[⑦]。

由以上描述可以看出，服务科学的诞生是顺应时代发展的需求，是历史发展的必然趋势。当前对服务科学及其相关内容的研究

---

① Spohrer J., Maglio P. P. The Emergence of Service Science: Toward Systematic Service Innovations to Accelerate Co－creation of Value［R］. San Jose, California: IBM Almaden Research Center, 2005.

② Ministry of Finance. Finance and Fiscal Statistics Monthly Report: Business Corporation Statistics Annual Report Special Issue［R］. Ministry of Finance Publishing Department.（1990, 2000, 2003）reports.

③ Tadahiko Abe. What is service science?［R］The Fujitsu Research Institute, Economic Research Center, Tokyo, Japan, 2005: 9.

④ Ammon Salter, Bruce S. Tether. Innovation in Services: Through the Looking Glass of Innovation Studies［EB/OL］. http://www.sbs.ox.ac.uk/faculty/Sako＋Mari/gcs.htm, 2008.

⑤ Gronroos C. Service Management and Marketing: Managing Moments of Truth in Service Competition［M］. Lexington, MA: Lexington Books, 1990.

⑥ Lohr S. Academia Dissects the Service Sector, But Is It a Science?［N］. New York Times, 2006－04－18.

⑦ Jana R. Service Innovation: The Next Big Thing, in Business Week［M］. Columbus, Ohio: McGraw Hill, 2007.

处于初步探索阶段，对服务科学相关研究内容（如服务、服务系统、价值等）的内涵及其基本理论等有多种不同研究视角，尚未达到统一的认识，研究方法亟待丰富和发展，因此具有较大的研究空间。而对服务系统中的价值共创研究是服务科学的核心研究问题，将为解决当前服务经济面临的迫切问题——如何提高服务效果与风险的可预测性、如何提高服务的效率、如何柔性满足客户差异性需求等——提供重要的参考依据，将为科研机构及企业进行后续相关理论研究及实践奠定一定的基础，进而推动我国以至全球服务经济的快速、健康发展，因此具有重要的理论价值和实践意义。对服务系统中的价值共创研究不仅开拓了价值研究新视角，而且为逐渐丰富、完善服务科学的研究体系发挥重要的作用，同时也通过对情报学和服务科学的关系研究将不断拓展情报学理论研究与实践应用范围。

1.2 国内外相关研究综述

1.2.1 国内外相关研究

1.2.1.1 服务系统中价值及价值共创的含义

Jim Spohrer① 等人认为，在系统中，价值是由系统或其适应环境的能力决定的进步。S. Alter② 认为价值获取就是顾客从服务提供者或自动服务中获得利益的过程。服务系统是由人、技术和组织组

① Jim Spohrer, Stephen L. Vargo, Nathan Caswell, Paul P. Maglio. The Service System is the Basic Abstraction of Service Science [C]. Proceedings of the 41st Hawaii International Conference on System Science, 2008: 7.

② S. Alter. Service System Fundamentals: Work System, Value Chain, and Life Cycle [J]. IBM Systems Journal, 2008, 47 (1): 77.

成的价值共创动态网络，服务系统中的价值共创强调价值不仅仅是由服务提供者创造的，而是与顾客共同创造的过程，价值不再是仅仅作为产出交付给消费者的过程，而是进行资源整合的动态过程。

1.2.1.2 服务系统的价值构成

UC Berkeley 学校的 Katherine Ahern、Zachary Gillen & Jill Blue Lin① 认为一个系统中的利益方（stakeholder）是指“从一个系统的成功或失败中有所得或有所失的个人或组织；包括消费者或顾客（支付系统）、开发者（维修系统）以及用户（与系统交互）”②。Paul P. Maglio③ 认为服务系统的价值是由服务系统中以下四个利益方的价值组成：顾客价值、服务提供者价值、权力机构价值和竞争者价值。也有国内学者④认为服务系统中的价值是由顾客价值、社会价值、员工价值和股东价值组成。

1.2.1.3 服务系统的价值测度及评价

目前对于服务系统的价值测度及评价大都集中于对服务利润链的研究。

（1）服务利润链的理论研究

美国哈佛大学商学院服务管理专家 Heskett 等人在 1994 年建立了服务利润链（service profit chain）模型⑤（见图 1.1），该链条上的各个环节描述如下：利润和增长主要由客户忠诚度来驱动；客户忠诚度是客户满意度的直接结果；客户满意度在很大程度上受客户得到的服务的价值的影响；价值是由满意、忠诚而且生产效率高的

---

① Katherine Ahern, Zachary Gillen, Jill Blue Lin. MD: Notes—Designing an Information Service for Public Hospitals ［R］. UCB iSchool Report, 2008 (4): 5.

② Nuseibeh, B. and S. Easterbrook. Requirements Engineering: A Roadmap ［C］. Proceedings of the Conference on The Future of Software Engineering, 2000: 37.

③ Paul P. Maglio. The Future of Service Science ［R］. IBM Almaden Research Center and UC Merced. October 8, 2008: 43.

④ 马爱红. 服务价值测度与服务科学研究［D］. 武汉理工大学博士学位论文，2007（12）：31-32.

⑤ Heskett J., Jones T., Loveman G., et al. Putting the Service Profit Chain to Work ［J］. Harvard Business Review, 1994, 72 (2): 164-174.

员工创造的；员工满意度又主要来自高质量的支持性服务和政策，这些服务和政策使员工们能够为客户创造价值。

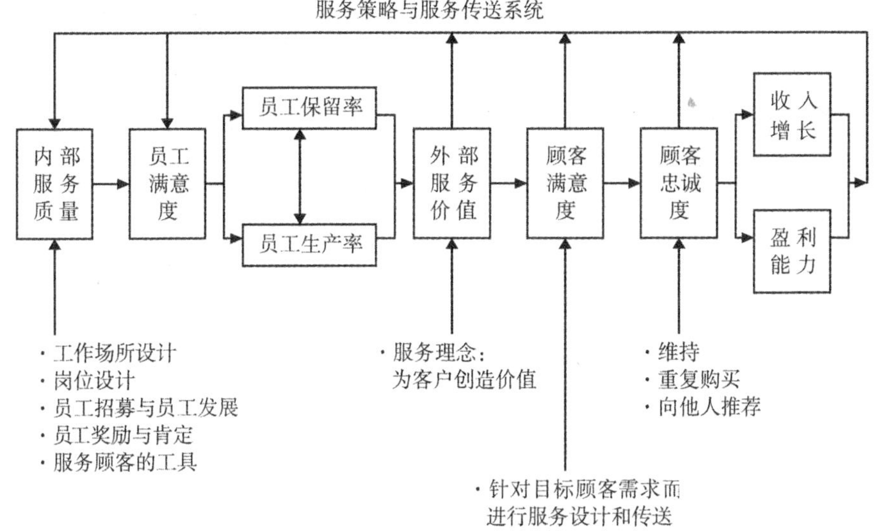

图 1.1　服务利润链模型

资料来源：Heskett J.，Jones T.，Loveman G.，et al. Putting the Service Profit Chain to Work [J]. Harvard Business Review，1994，72（2）：164－174.

服务利润链模型为服务业通过资源利用、过程再造和核心能力的构筑来实现企业成长提供了一种有效模式。服务利润链理论主要来源于三个方面的研究：顾客忠诚、战略服务理论观点及员工和顾客忠诚的决定因素。

许多学者对服务利润链上的部分环节进行了研究，主要集中在顾客忠诚、员工忠诚、顾客满意、员工满意、顾客价值、员工价值、顾客感知价值、服务质量等研究对象，内容涉及以上各研究对象的影响因素、模型、测度及评价等方面，以及相关研究对象之间的关系。

例如对服务质量的研究，学者从不同角度提出测度和感受服务质量的方法和途径。有学者从内部服务质量和外部服务质量分别进行研究①。服务利润链理论认为内部服务质量直接影响员工满意度。内部服务质量这一概念从20年前就开始受到关注，企业的内部服务质量一般用企业员工对他们的工作、同事以及公司的感觉来进行测度。Hallowell等②从八个维度来分析内部服务质量：工具、政策和流程、团队协作、管理支持、目标一致性、有效的培训、沟通、报酬和认可。公司的内部服务质量是决定员工满意与否的决定因素。由于员工在满足基本生理、安全需要之后，还会进一步提出实现自我价值和获得相互尊重的要求，因此企业提供的内部服务质量便显得更为重要③。基于服务利润链的观点，外部服务质量与顾客满意度强相关。外部服务质量是指在给特定顾客传递服务过程中的行为表现。例如服务速度、准确性以及一线服务人员的服务态度。Heskett等人提出了顾客价值等式（CVE）的定义，指出转移给顾客的商品和服务的价值等于提供给顾客的结果和服务过程的质量之和与顾客支付价格和获取服务的成本的比较。顾客价值和外部服务质量是由顾客来决定的。虽然测度和保证服务质量难度很大，但是大多数顾客能够通过比较以往的经验来感知服务的价值和质量④。

也有学者从感知服务质量的角度进行研究。Gronroos⑤在20世纪80年代初首先提出了“感知服务质量”（Perceived Service Quality）的概念，强调管理者应该从顾客的角度来理解服务质量的构成，这样才能使顾客满意。他将服务质量按照结果和过程分为技术

① 孙洪．基于服务利润链理论的员工与顾客满意度［J］．工业工程，2008，11（5）：136.

② Roger Hallowell, Leonard A Schlesinger, Jeffrey Zornitsky. Internal Service Quality, Customer and Job Satisfaction: Linkages and Implications for Management [J]. Human Resource Planning, 1996, 19 (2): 20-31.

③ 刘芸．如何实现员工满意与企业绩效双赢［J］．经济师，2004（11）：163-164.

④ 蒋才芳，易必武．基于顾客价值的服务企业竞争力提升策略［J］．吉首大学学报：自然科学版，2006，27（5）：120-123.

⑤ Gronroos. Strategic Management and Marketing in the Service Sector [R]. Swedish School of Economics and Administration. 1982.

质量（Technical Quality）和功能质量（Functional Quality），并考虑了对企业形象的影响，从而构成一个顾客对总体服务水平评价的三维框架。顾客所感知的服务质量的高低是由他们实际所体验的服务水平与他们所期望的服务水平之比较来确定的。因此，感知服务质量的测定与顾客满意度（Oliver，1980）[①] 的测定是相似的，也可称之为服务质量的期望差异模型。Lehtinen（1982）[②] 把服务质量分为物质质量、交互质量和公司质量。Edvardsson（1989）[③] 提出的服务质量包括技术质量、整合质量、功能质量和产出质量。Gummersson（1991）将服务质量划分为设计质量、生产质量、过程质量和产出质量四大要素。Olsen（1992）则认为服务质量包括设计质量、生产质量和过程质量。

服务质量是一个多维度、多属性的概念，需要从多个方面进行评价。Parasuraman 等[④]（1985）在他们所建立的 SERVQUAL 服务质量评价模型中，最初考虑了十个维度，包括：可靠性（无错误地提供服务并保持一致性）、响应性（员工提供服务的意愿和速度）、能力（员工的知识和技能）、可接近性（方便顾客接触）、礼节性（客气、尊敬、体谅、友好）、沟通性（让顾客容易理解，并倾听他们的意见）、信誉度（信任、诚恳、为顾客着想）、安全性（无风险和疑虑）、理解顾客（了解和在意顾客的需求）、有形性（服务设施和员工仪表）。在其后的研究中，Parasuraman 等将 SERVQUAL服务质量评价模型中的因素进一步归并为五个维度，即保留了可靠性（Reliability）、响应性（Responsiveness）和有形性

① Oliver, R. L. . A Cognitive Model of the An – Tecedents and Consequences of Satisfaction Decisions [J]. Journal of Marketing Research, 1980.

② Lehtinen, Uolevi and Jarmo R. Lehtinen. Service Quality: A Study of Quality Dimensions, Unpublished Working Paper, Helsinki: Service Management Instituted, 1982.

③ Edvardsson, Lars Haglund and Jan Mattsson. Analysis, Planning, Improvisation and Control in the Development of New Services [J]. International Journal of Service Industry Management, 1989.

④ Parasuraman, Zeithaml and Bery. A Conceptional Model of Service Quality and its Implications for Future Research [J]. Journal of Marketing, (Fall) 1985 (49): 41 –50.

(Tangibles)，而其他的七个方面则合并为保障性（Assurance）和同情性（Empathy）。由于 SERVQUAL 模型是基于期望差异理论，因此需要对所有的维度测量顾客对服务质量各属性的期望和感知水平。

服务质量的期望差异模型曾受到来自各方面的批评（Buttle，1996）。一方面，Cronin 和 Taylor（1992）提出直接用服务表现的绝对水平来衡量质量，并建立了 SERVPERF 模型。在他们的数据分析中，SERVPERF 模型比 SERVQUAL 模型能解释更多的方差①，特别是 SERVPERF 模型不需要测量顾客对服务质量各属性的期望水平，从而大大减少了顾客调查的工作量和困难度。另一方面，人们对顾客期望的模糊性和可操作性提出质疑（Teas，1993）。在实际中，顾客的期望也许有一个最低要求和一个理想的水平，从而构成了一个期望的可容忍区间。只要所提供的服务质量在这个区间里，顾客就可以接受（Parasuraman 等，1991）。这些研究在很大程度上反映了人们对服务质量的看法存在差异，也导致了顾客对服务质量评价标准的不确定性②。SERVQUAL 服务质量评价模型虽然饱受争议，但至今仍是使用最为广泛的度量服务质量的方法。它通过衡量顾客服务预期与服务感知的差值来测度服务质量，如果后者大于前者，消费者才会认为服务质量是令人满意的③。

（2）服务利润链的实证研究

国内外许多学者对服务利润链理论进行了实证研究。Loveman④

---

① Cronin, J. J., Taylor, S. A. Servperf versus Servquai: Reconciling Performance Based and Perceptions - Minus - Expectations Measurement of Service Quality [J]. Journal of Marketing, 1994, 58: 125 - 131.

② Lanline, Management & Administration—IT—Service—Management [D]. ITSM—Prozesse Einfuhren, 2005: 68.

③ 范秀成，杜建刚．服务质量五维度对服务满意及服务忠诚的影响——基于转型期间中国服务业的一项实证研究［J］．管理世界，2006（6）：112 - 113.

④ Loveman GW. Employee Satisfaction, Customer Loyalty Profit and Performance: An Empirical Examination of the Service Chain Financial in Retail Banking [J]. Journal of Service Research, 1998, 1 (1): 18 - 31.

对美国一个区域商业银行的450家支行的服务利润链进行了实证研究。Silvestro和Cross[①]探索性地将SPC应用于一个单一组织中——英国一行业领先的杂货商。结果表明，在利润、顾客满意、服务价值、内部服务质量、输出质量和生产率之间存在相关关系，但并没有结论支持员工满意和忠诚所能驱动的结果。希尔斯的三位副总裁（Rucci、Kirn和Quinn）[②]发表在《哈佛工商评论》上的文章总结了公司如何应用服务利润链的方法改变商业运作模式的经验，显示了从员工态度到盈利表现的实际因果关系和路径，使管理层和员工真正了解哪些是未来公司财务表现的主要驱动力。2003年，赫斯克特等人又出版了新书《价值利润链——对待员工像顾客，对待顾客像员工》，将原先在服务企业应用的服务—利润链模型扩展到制造业等多行业多部门，指出员工、顾客、股东等企业利益相关者建立恒久关系的主要驱动力是价值。国内对服务利润链的研究，有南开大学现代管理研究所张金成教授[③]对服务利润链模型进行了介绍，并分析了服务利润链的管理要点。高充彦[④]对沃尔玛和希尔斯两大世界零售巨头的案例分析，展示了服务利润链在零售业中的具体应用。张雪晶等[⑤]基于服务利润链理论对企业的顾客满意度提升策略进行了研究。张圣泉等[⑥]对服务利润链下的商业零售企业竞争策略进行了研究。

（3）服务利润链的理论贡献

第一，揭示了跟市场份额相比，顾客忠诚度与高利润、快速增

① Silvestro Rhian, Stuart Cross. Applying the Service Profit Chain in a Retail Environment Challenging the Satisfaction Mirror [J]. International Journal of Service Industry Management, 2000, 11 (3): 244 -268.

② Anthony J. Rucci, Steven P. Kim, Richard T. Quinn. The Employee - Customer - Profit Chain at Sears [J]. Harvard Business Review, 1998, 76 (1): 82 -97.

③ 张金成．服务利润链及其管理［J］．南开管理评论，1999（1）：18 -23.

④ 高充彦．服务利润链在零售业中的应用［J］．管理评论，2004，16（9）：18 -24.

⑤ 张雪晶，李华敏．企业服务利润链中的顾客满意度提升策略［J］．浙江工商职业技术学院学报，2006，5（4）：8 -10.

⑥ 张圣泉，杨莉．服务利润链下的商业零售企业竞争策略研究［J］．商业时代（原名《商业经济研究》），2007（33）：16 -18.

长率的关系更加密切、更加重要，而顾客忠诚是由顾客满意决定的；第二，在主张以顾客为中心的同时，把员工在组织中的地位上升到前所未有的高度，让“员工满意”是对员工在服务传递过程中的“角色”的重视；第三，阐明了维系顾客满意与员工满意的纽带。可以说，服务利润链体现了服务管理的“人本管理”思想，把企业的员工（内部顾客）和顾客当作企业的资产来管理，对内强调“以员工为中心”，对外强调“以顾客为中心”。而“以员工为中心”又是为了更好地实现“以顾客为中心”，即将内部营销视为外部营销成功的先决条件。因此，从本质上讲，服务利润链是一种以顾客为中心的服务管理模式。

1.2.1.4 服务价值链

与上述服务利润链的研究角度不同，有学者提出了服务价值链的思想①，更关注在价值共创过程中服务提供者和顾客的行为和活动。服务价值链构架通过引入与服务有关的活动和责任来扩大工作系统框架。该构架的每一个要素对于许多服务系统来说都是重要的，尽管其中一些要素对特定的服务系统并不重要。服务价值链构架大概描画了服务提供者以及顾客的与服务相关的活动和责任，如图 1.2 所示②。这些活动可能发生在一项具体的服务提供至一个特定的顾客之前、之中或之后。

这个构架是基于如下假设：

• 服务通常是由服务提供者和他们的顾客共同创造的。因此，对一个服务的全面理解要求关注服务提供者和顾客的行为和责任。

• 服务系统的顾客是指从一个服务系统内部的活动中获益的个人、团体或组织。

• 无论服务是针对外部顾客或（和）内部顾客，服务的含义是

---

① S. Alter. Service System Fundamentals: Work System, Value Chain, and Life Cycle [J]. IBM Systems Journal, 2008, 47 (1): 71-85.

② S. Alter. Service Responsibility Tables: A New Tool for Analyzing and Designing Systems [C]. AMCIS 2007, Americas Conference on Information Systems, Keystone, 2007 (8): 9-12.

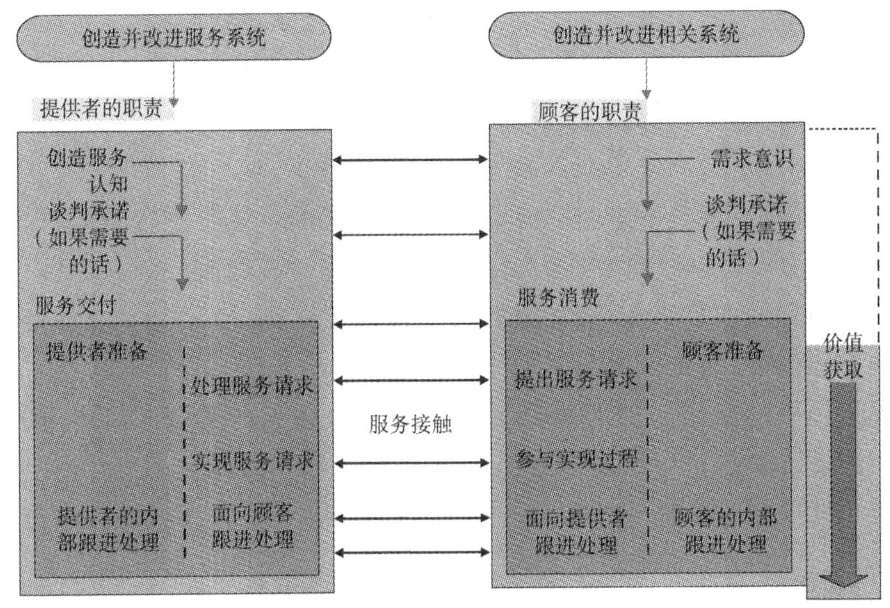

图 1.2　服务价值链构架

资料来源：S. Alter. 2007.

一样的。

● 顾客满意受典型的顾客从与一个独特的服务中获得、接收、获益相关的活动、责任和经验的完整组合的影响。

● 许多服务情况涉及在协议的承诺基础上（如服务等级协议 service - level agreements）进行服务传递，将来服务可以连续、重复地传送。

● 对于许多服务来讲，每一个服务传递都包括了来自顾客明确或含蓄的服务请求。

● 尽管执行服务请求通常被认为是大多数服务的核心，与请求的意识、协议、准备（setup）、处理有关的活动以及跟进处理（follow - up），也是内部执行效果（performance）和顾客满意的重要决定因素（determinants）。

● 服务涉及服务提供者和顾客的前台和后台活动。

• 一些服务要求服务提供者或顾客或两者的跟进处理。一些情况下，跟进处理只与一种服务情形有关（如安装是否 OK）。在其他情况下，可能涉及多种服务情形（如你的账户管理器是如何响应的）。

• 当服务生产出来时顾客会体验益处或稍后体验。价值捕获是顾客从提供者或自助服务的努力中（efforts）获益的过程。

服务价值链构架中包含服务概念导致了对服务系统的描述，增加了普通工作系统的特征和度量标准（metrics）。一些术语，如复杂性、弹性、速度、效率都可以用来描述任何工作系统。具体与服务系统相关的另外一些描述包括提供者和顾客之间的责任相对平衡，掌控服务传递实例的协议的相对重要性，后台准备和前台顾客交互努力的相对多少。

1.2.1.5　服务系统中的价值共创观点

Basole 和 Rouse① 认为服务经济中的价值是由最终消费者驱动和决定的，并在由价值参与者之间的直接和间接关系构成的复杂网络中进行传送；服务价值网络的复杂性不仅取决于参与者的数量，也取决于这些参与者涉及传送服务至客户的过程的条件概率（conditional probabilities）；通过提供更高水平的价值网络整合、信息可视以及应对、预测变化的方法，ICT 为消费者在服务价值网络中提供便利方面发挥了重要的作用。

Stephen L. Vargo、Paul P. Maglio & Melissa Archpru Akaka② 认为价值共创过程是由使用价值驱动的，但是由交换价值调节和监控的；服务科学的发展意味着对价值和价值创造的概念化；随着服务科学的发展，越来越多的研究表明生产者—消费者的区分是不恰当

① R. C. Basole, W. B. Rouse. Complexity of Service Value Networks: Conceptualization and Empirical Investigation [J]. IBM Systems Journal, 2008, 47 (1): 53.

② Stephen L. Vargo, Paul P. Maglio, Melissa Archpru Akaka. On Value and Value Co - Creation: A Service Systems and Service Logic Perspective [J]. European Management Journal, 2008, 26 (3): 145 - 152.

的，价值是由所有参与交换的服务系统的积极参与者共同创造的；价值共创过程驱动市场创新和进化；所有系统一起工作以提高或增强另一个系统的能力的方式——无论是否测度或评价——都可视为在进行价值创造；知识是所有交换的核心资源。

Per Andersson、Christopher Rosenqvist & Omid Ashrafi① 一起发表的文章里表明：Normann 和 Ramirez 于 1998 年提出价值共创的思想，认为供应商和消费者之间的互动是价值创造的基本部分；Gumesson（2000）认为不仅仅是供应商和消费者，更多的参与者如更大的价值群（value constellations），参与这种价值创造过程；Payne 和 Holt（2001）认为价值随着时间进行不断创造，会受到变化以及外部影响（如其他参与者）的影响，这种观点以动态的视角来审视价值、价值创造以及构成这种创造基础的交互作用。

March（1999）认为服务系统年复一年地改进，可视为一个学习型组织②。

1.2.1.6 服务价值共创实现模式

国内外对此方面的研究，总结共有五种实现模式③：

服务蓝图理论。G. L. Shostack④ 提出服务可视图——“服务蓝图”。通过可视分界线，将服务蓝图分为两部分，在可视分界线以上是前台，顾客看得见服务活动，并在服务过程中参与进去；在可视线以下称为后台，顾客看不见服务活动。

服务过程矩阵理论。罗杰·施米诺（Roger Schmenner）设计了

---

① Per Andersson, Christopher Rosenqvist, Omid Ashrafi. Mobile Innovations in Healthcare: Customer Involvement and the Co－creation of Value［J］. Int. J. Mobile Communications, 2007, 5（4）: 371－388.

② Spohrer, J., et al. Steps Toward a Science of Service Systems［J］. IEEE Computer Society, 2007（1）: 15.

③ 梁战平. 21 世纪的新兴科学——服务科学［R］. 报告，2007（1）.

④ G. L. Shostack. Designing Services That Deliver［J］. Harvard Business Review, 62（January－February 1984）, pp. 133－139; G. L. Shostack. Service Positioning Through Structural Change［J］. Journal of Marketing, 1987（1）: 34－43.

一个服务过程矩阵①。在该矩阵中，施米诺根据影响服务交付过程性质的两个主要维度（劳动力密集程度，企业与客户之间的相互作用及定制程度）对服务进行了分类。

服务组合理论。组合包括产品和服务的组合，有五个特征：支持性设施、辅助物品、信息、显性服务、隐性服务。

服务过程控制理论。服务过程控制是一个循环过程，是一种反馈控制系统。

服务接触三元组合理论。服务接触可以看成是由组织、顾客和服务人员构成的三元组合②。

1.2.2 相关研究成果总结

由以上研究可以看出，当前对服务科学及其相关内容的研究仍处于初步探索阶段，对服务价值的内涵及共创等有多种不同定义形式和研究视角，尚未达成统一的认识。

对服务系统中的价值研究，大都从服务系统中各利益方的不同角度分别进行研究（如测度、评价等），因此服务价值共创的互动过程在无形之中被隔离开了，极少有人从价值共创的整体角度对“价值”进行研究。而且对服务价值的（评价）研究应该放在一个特定、具体的服务模式中，才更具有针对性。比如在服务蓝图勾画的服务中，该如何研究价值创造过程？除了服务提供者和顾客，还有哪些利益方和资源参与价值共创的过程？是否服务系统中所有涉及的系统和资源都参与价值创造过程？价值共创到底涉及哪些过程？又有哪些因素及其变化影响并制约着该共创过程？其中最关键的因素是什么？信息不对称及难以显化的隐性知识对价值共创又有

---

① Roger W. Schmenner. How Can Service Business Survive and Prosper? [J]. Sloan Management Review, 1986, 27 (3): 25.

② [美] 詹姆斯 A. 菲茨西蒙斯，莫娜 J. 菲茨西蒙斯. 服务管理：运营、战略和信息技术（第二版）[M]. 张金成，范秀成等译. 北京：机械工业出版社，2000：165.

哪些不利影响？价值共创不是静止不变的，而是一个动态的趋于更好的变化过程，那又是如何演变的呢？其演变的机理是什么？又有哪些因素决定着其演进的速度和方向呢？ICT 在价值共创的动态过程中到底发挥着怎样的作用呢？

从目前的研究成果来看，极少有人对上述系列问题进行系统地研究并提供令人满意的答案，因此具有较大的研究空间。对服务系统中的价值共创研究是服务科学的核心研究问题，将为解决当前服务经济面临的迫切问题——如何提高服务效果与风险的可预测性，如何提高服务的效率，如何柔性满足客户差异性需求等提供重要的参考依据，从而为科研机构及企业进行相关理论研究及实践奠定基础，进而推动我国以至全球服务经济的快速、健康地发展，因此具有重要的理论价值和实践意义。而知识密集型服务在整个服务经济中占据重要的比例，鉴于以上考虑，本书拟对知识密集型服务（knowledge - intensive business service，KIBS）系统的服务价值共创动态过程进行系统地研究。

1.3 研究方法与技术路线

1.3.1 研究方法

本书在综合运用管理科学、系统科学、经济学、服务科学、情报学的各种理论研究服务价值共创能力时，综合运用了多种研究方法，具体如下：

（1）归纳与演绎推理相结合的方法

对服务价值共创能力的研究需要深厚的管理学与经济学的理论基础，同时还要结合服务企业的实际情况，因此本书尝试在对各种理论归纳分析的基础上，结合服务企业的实际，运用演绎推理的方法对知识密集型服务系统的服务价值共创能力进行分析。

（2）定性与定量相结合的方法

对服务价值共创能力的研究大都是基于定性分析，本书也主要沿用了这个方法，但是在对服务价值共创能力的评价研究中，本书综合运用层次分析和模糊评价的方法对服务价值共创能力的定量评判进行了尝试。

（3）规范研究与实证研究相结合的方法

在目前对服务价值共创能力的研究中，大都是使用规范的研究方法，本书在大部分章节里也是使用规范的研究方法，但在本书的第 7 章，运用了实证的研究方法对本书提出的评价模型进行验证。

（4）继承与创新相结合的方法

本书在对前人的相关研究成果进行分析时，能够客观、公正地对其进行评价，批判继承，并尝试提出不同的观点，如在经典的服务蓝图理论基础上，尝试构建不同的服务价值共创新模式。唯物辩证法的思想贯穿全书始终。

1.3.2 技术路线

本书的技术路线如图 1.3 所示。

1.4 研究范围及主要研究内容

1.4.1 研究范围

在介绍本书的主要研究内容之前，有必要先对本书的研究范围

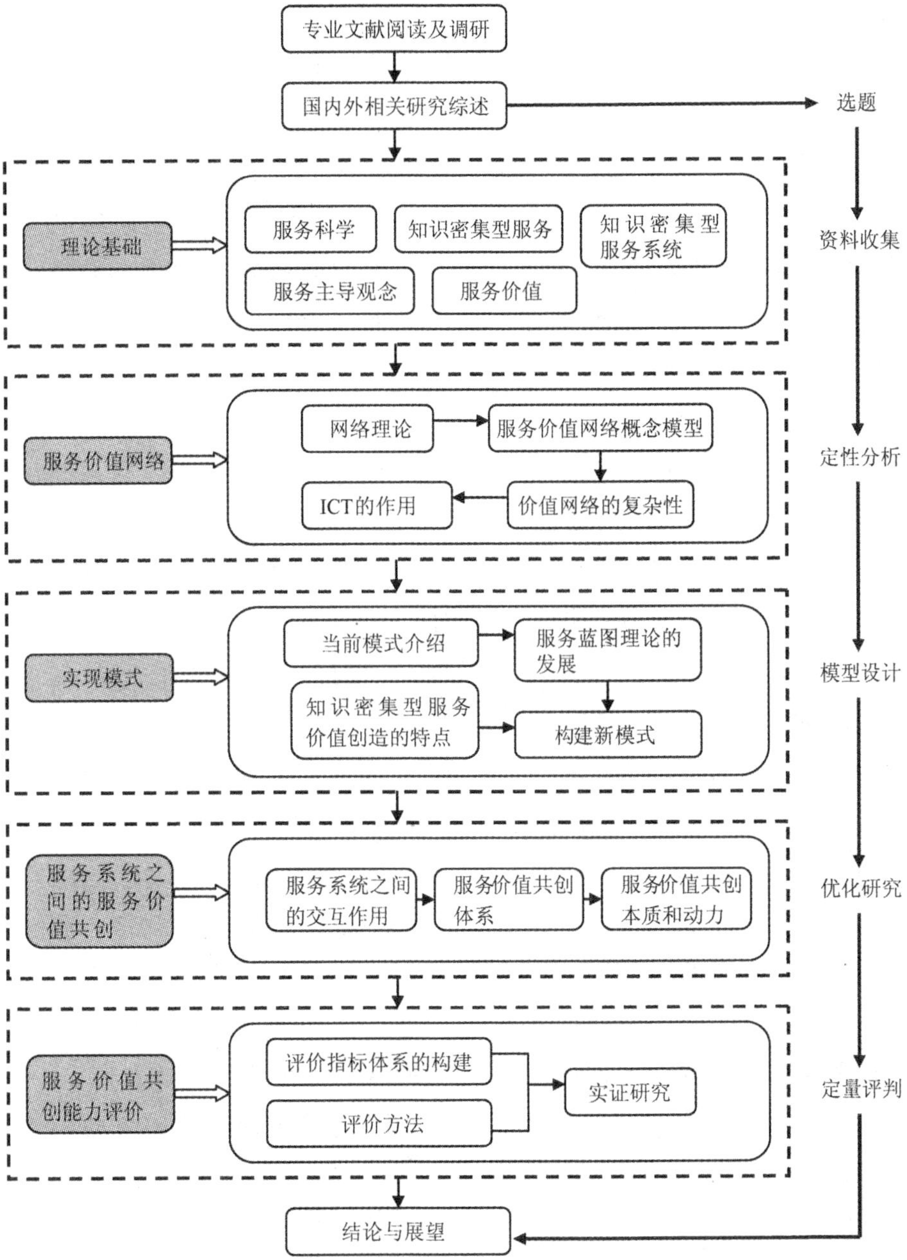

专业文献阅读及调研

国内外相关研究综述

选题

资料收集

理论基础

服务科学

知识密集型服务

知识密集型服务系统

服务主导观念

服务价值

服务价值网络

网络理论

服务价值网络概念模型

价值网络的复杂性

ICT的作用

定性分析

实现模式

当前模式介绍

服务蓝图理论的发展

知识密集型服务价值创造的特点

构建新模式

模型设计

服务系统之间的服务价值共创

服务系统之间的交互作用

服务价值共创体系

服务价值共创本质和动力

优化研究

服务价值共创能力评价

评价指标体系的构建

评价方法

实证研究

定量评判

结论与展望

图 1.3 技术路线图

进行如下界定：

何谓知识密集型服务系统？在本书中指知识密集型服务中的服务系统。

知识密集型服务业是以知识为其他行业、企业（组织）或个人提供服务的产业，这个服务过程是知识的生产、传播和使用的过程，通过这个过程，知识实现增值，智力服务是知识密集型服务业的主要形式，知识密集型服务业的产品通常表现为咨询报告、技术方案、操作方法、计算机软件以及对工作、决策和行动的判断与建议，包括金融、保险、教育、咨询、信息、电信、物流配送、计算机软件与信息加工服务、研究开发测试服务、市场服务、商务组织服务（管理咨询、员工招聘服务）和人力资源开发服务等知识含量高并需要一定专业技术水平以及科研水平的服务行业，可以划分为技术服务、咨询服务和电子商务服务。

服务是指为了另一个实体的利益而对能力（知识和技术）的运用（如 IT 服务）。所以服务至少涉及两个实体，一方应用能力，另一方整合应用的能力和其他资源以决定利益（价值共创），我们称这些交互的实体为服务系统。更确切地说，服务系统是由人、技术、组织（其他内部和外部系统）以及共享信息（如语言、过程、规律、价格、政策和法律）等整合资源构成的价值共创网络。通过价值主张与其他服务系统进行内部或外部连接。个人、家庭、公司、国家以至于经济都是服务系统。为了便于研究以及增强研究的普遍适用性，在本书中，服务系统实例界定为企业或个人。

价值是指系统进步，并且是由服务提供者和顾客等多方参与者共同创造的。

价值共创是指企业根据市场提出一项价值（创造），顾客（个人或企业）通过整合企业提供的资源以及其他个人及公共资源进行价值共创，目的是通过其他系统提供的服务（知识和技术的应用）增强自身系统的适应性和生存能力。

1.4.2 主要研究内容

本书内容共分八章。

在充分阅读文献和调研的基础上，第 1 章绪论主要讲述了本书的研究背景与意义、国内外相关研究综述、本书研究方法与技术路线、研究范围及主要研究内容和创新点。

本书是在服务科学、管理学、经济学等学科相关理论基础之上进行展开的。作为全书的重要理论基础之一，首先第 2 章服务科学理论基础主要介绍了服务科学、服务系统和服务的基本知识，并尝试性地探讨了服务科学与情报学的联系，不仅对该新兴领域有一个概览，也是后文的有力理论支撑。

作为全书的另一个必不可少的重要理论基础，第 3 章主要探讨了知识密集型服务系统的服务价值共创基本理论，内容涵盖知识密集型服务的相关知识、新型服务经济理论、知识密集型服务系统的结构框架与服务系统演化和服务价值理论。

作为服务价值的实现基础，第 4 章着重构建了服务价值网络，并对价值网络中的价值、价值网络的复杂性以及 ICT 在服务价值网络中的作用进行了探讨。

有了前面扎实的研究基础，作为全书的核心研究内容之一，第 5 章对知识密集型服务系统的服务价值共创实现模式进行了探讨。通过对当前几种不同服务模式的介绍并结合知识密集型服务价值创造的特点，在借鉴前人相关研究的基础之上，尝试构建了服务价值共创实现新模式。

接着作为全书的另一重要研究内容，第 6 章在对服务系统之间的交互作用研究基础之上，构建了知识密集型服务系统之间的服务价值共创体系，并揭示了价值共创的本质和知识密集型服务系统尤其是电子商务企业的服务价值创造动力。

在上述章节的研究成果之上，第 7 章通过构建三级评价指标体系并综合运用层次分析—模糊综合评价方法对电子商务类知识密集型服务系统的服务价值及共创能力进行了综合评价和实证研究。

最后第 8 章，对全书研究进行了总结并提出了未来研究方向。

1.5 创新点

第一，探索性地分析了情报学与服务科学的联系，并尝试指出可以借鉴情报学的一些已成熟的研究方法对服务科学相关课题进行研究，认为在某种程度上，服务科学的相关研究是情报学的又一新研究领域，并扩展了情报学的应用研究范围。

第二，突破当前对服务系统中的价值从不同利益方的角度分别进行研究的局限，从“价值共创”的整体角度进行研究，构建了知识密集型服务系统的服务价值共创实现新模式，更关注价值共创过程中顾客的活动和行为，并构建了具体实例。

第三，尝试构建知识密集型服务系统的服务价值共创能力评价指标体系，并综合运用层次分析和模糊综合评价方法对电子商务类知识密集型服务系统的服务价值共创能力进行了实证评价研究。

第四，针对当前国内对服务科学的研究是少之又少的现状，引进了国外服务科学的研究理论及实践成果，尤其对当前服务科学学科中一些尚未得到统一认识的术语或概念进行了分类或总结，并对一些基本概念等作出了初步的界定。

第五，本书是在充分阅读、了解国内外对当前新兴学科——服务科学的相关研究进展的基础上，并结合服务经济发展现状进行选题的，属于新领域的探索性研究。

2 服务科学理论基础

随着市场的迅速发展，IBM 的软件、硬件业务的份额已从初期的90%以上降到低于50%，而服务方面的业务则已超过50%[①]。并有相关数字指出，在发达国家，服务在价值创造和劳动力就业上变得越来越重要。目前，服务占美国 GDP 的70%之多[②]（见图2.1），在其他工业国家也是相似比例，在大多数发展中国家 GDP 中，服务占50%以上。服务经济显著增长，然而与之形成鲜明对比的是，对服务的相关研究较农业和工业是少之又少，服务在所有的研发支出中占不到20%[③]，研究更先进的服务理论和模式已经迫在眉睫。服务科学正是在此背景下应运而生，目的在于提供服务创新理论和实践。

2.1 服务科学基本知识

在服务科学概念的提出及不断演进过程中，IBM 始终扮演着十分重要的角色。

服务科学的概念最早可追溯到2002年，IBM 的 Almaden 的研

① Chesbrou Gh. H. , Spohrer J. A Research Manifesto for Services Science [J]. Communications of the ACM – Special Issue: Services Science, 2006, 49 (7) : 35 –40.

② Surinder Prakash. Value – Added Services: Best Practices [R]. IBM Research. November 2004: 3.

③ Ammon Salter, Bruce S. Tether. Innovation in Services: Through the Looking Glass of Innovation Studies [EB/OL]. http: // www. sbs. ox. ac. uk/faculty/Sako + Mari/gcs. htm, 2008.

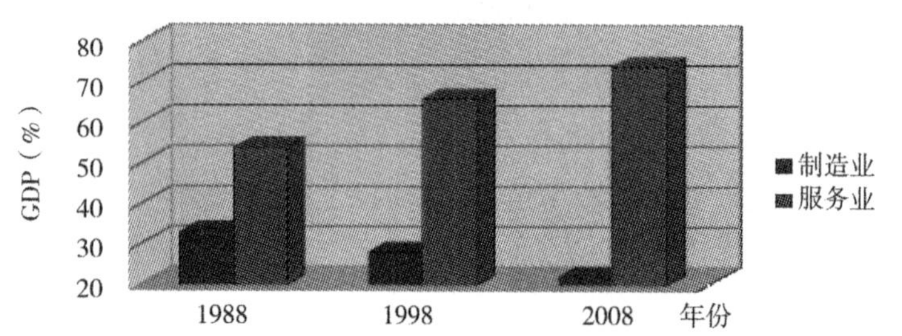

图 2.1　美国经济向服务业转变

资料来源：Surinder Prakash. Value – Added Services: Best Practices ［R］. IBM Research. November 2004: 3.

究中心与 UC Berkeley 的教授 Henry Chesbrough 组成了合作研究团队，开始从社会工程系统的角度研究服务（Morimoto & Sawaya, 2005）。2002 年 12 月，该合作研究团队正式被确立为 IBM 的服务研究团队。2004 年 12 月，IBM 的 CEO 兼主席 Samuel Palmisano 在一份题名为《创新美国：在充满挑战和变化的世界中持续繁荣》的报告中①提倡对“服务科学”的研究，他特别强调创新是关键，而且创新是来自于不同学科知识的交叉融合，为了实现这个目的，提出多学科方法是很关键的，而服务科学表达了此种思想，因为它是现有多种学科的融合，如计算机科学、运筹学、工业工程、数学、管理科学、决策科学、社会认知学、法学等。该报告的发布使得服务科学的概念开始成为人们关注的焦点。2005 年 7 月，服务科学被更名为“服务科学管理与工程”（Services Science Management and Engineering, SSME），但仍保留“服务科学”作为简称②。他认为：服务是创造知识的途径，工程是运用知识创造价值的方法，管理则

① Innovate America: Thriving in a World of Challenge and Change – National Innovation Initiative (NII) Final Report ［R］. U. S. Council on Competitiveness, 2004.

② Tadahiko Abe. What is Service Science? ［R］. The Fujitsu Research Institute Economic Research Center, 2005: 15.

是要改进价值创造和价值获取的过程[①]。

此后，IBM 与众多高校展开合作，推动对 SSME 的深入研究。在此过程中，SSME 的概念和内涵不断得到丰富。2007 年 1 月 26 日，美国运筹与管理学会成立服务科学部（Section on Service Science）[②]，这标志着 SSME 已作为未来重要研究领域而受到高度关注。在我国，以 2006 年 11 月教育部部长周济院士与 IBM 总裁兼首席执行官彭明盛先生签署的《开展“现代服务科学方向”研究合作项目备忘录》为标志[③]，SSME 研究在国内学界受到高度重视。此后，以清华大学等为代表的国内高校开始积极参与 SSME 方面的学术活动，积极融入到“IBM 高校计划”（IBM Academy Initiative）中。

2.1.1 服务科学的内涵

了解新的事物尤其是一门新兴学科，要首先明白其含义，这是符合人类认知规律的。但服务科学的定义目前尚未统一，众多学者从不同角度对服务科学的内涵进行了探索，已成为服务科学研究领域一道亮丽的风景线。

（1）IBM 观点

Maglio、Kreulen、Srinivasan 和 Spohrer[④] 认为 SSME 是一门强调对服务系统进行重点研究的新兴学科，通过综合社会科学、商务管理和技术工程来解决复杂的现实问题。

IBM 全球研究中心负责人 Paul Horn 认为服务科学（services science）是科学、工程和管理的跨学科应用，其目的是改善服务。

---

① Paul P. Maglio, Savitha Srinivasan, Jeffrey T. Kreulen, Jim Spohrer. Service Systems, Service Scientists, SSME, and Innovation [J]. Communications of the ACM. July, 2006, 49 (7): 85.

② Informs. Section on Service Science [Z]. Hanover, Maryland: Informs, 2007.

③ 刘英楠．“服务科学”渐行渐近 [N]. 科学时报，2007-05-08.

④ Jim Spohrer, Doug Riecken. Services Science [J]. Communications of the ACM. July 2006, 49 (7): 32.

服务科学有助于进行系统性的创新和生产率的提高，它通过提高对服务中生产效率、质量、业绩、开发、知识的重复利用等方面的有效预测，成为改善服务的动力。

服务科学的一个初级概念①认为“服务科学是对通过商务—技术—工作创新来创造和共享客户和服务提供者共创的价值”，服务科学的视角是发现复杂服务系统潜在的逻辑，为服务创新确立一种统一语言和共享框架。

（2）剑桥 SSME 专题报告

服务科学是严格追求真理的一种象征。服务科学是对服务系统和价值主张（value proposition）的研究，是多种服务研究领域和服务学科的整合，如服务经济学、服务营销学、服务运作、服务管理、服务质量（尤其是顾客满意度）、服务战略、服务工程、服务人力资源管理（尤其是在一个专门的服务公司）、服务计算、服务供应链（尤其是 eSourcing）、服务设计、服务生产力和服务测度等②。

（3）美国 COMPETES 委员会

根据美国 COMPETES 委员会（America Creating Opportunities to Meaningfully Promote Excellence in Technology, Education , and Science Act）对 SSME 的定义③，服务科学是一个试图对已有的计算机科学、运筹学、工业工程、管理科学、商务战略、社会学以及法学进行整合研究的新兴跨学科领域，鼓励创新，研究组织是如何为顾客和股东创造价值的，而该价值是无法通过以上任一门单独学科来实现的。根据该定义，SSME 要求的技术是如下学科领域的交叉（见图 2.2）。

① Jim Spohrer, Michael Radnor. Welcome to Service Innovations for the 21st Century 2004 [R]. IBM Almaden Services Reaearch Center, CA. November 17 - 18, 2004: 44.

② Succeeding Through Service Innovation: A Service Perspective for Education, Research, Business and Government [C]. A Whitepaper based on Cambridge Service Science, Management and Engineering Symposium (July 2007) & The Consultation Process (October - December 2007): 18.

③ Wendy Murphy, Bill Hefley. What's New in Service Science, Management and Engineering [R]. IBM Report, Oct. 2, 2008: 8.

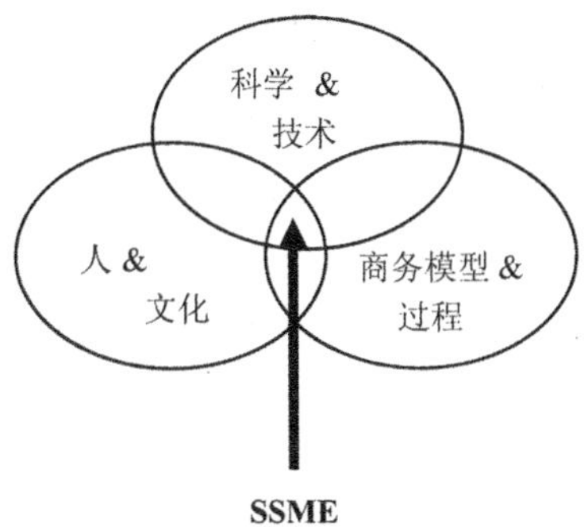

图2.2 SSME的学科交叉

资料来源：Wendy Murphy, Bill Hefley. What's New in Service Science, Management and Engineering [R]. IBM Report, Oct. 2, 2008: 8.

(4) Bernd Stauss 博士

根据"服务"的五种不同界定，服务科学的含义也因此不同①：

第一，"服务"指服务部门，因此服务科学指服务部门的科学。方法：服务科学的重要性是由服务部门的主导作用决定的。"服务"指整个服务部门（零售、交通运输和电信等）。评价：考虑到服务部门的主导地位，几乎所有科学都是服务科学；对科学学科的范围和局限没有界定。

第二，"服务"指服务产业，因此服务科学是指服务部门中产业增长的科学。方法：只选择研究增长的产业，如商务服务、信息服务、媒体和通信服务、医疗服务、公共服务等（Ganz/Herman/Tombeil 2002, S. 22f）。评价：关注经济相关产业；仍没有研究问题的科学范例和规范。

第三，"服务"指服务转化，因此服务科学指经济转化过程的科学。方法：关注工业部门的"服务化"过程以及服务部门的工业

① Bernd Stauss. International Service Research – Status Quo and Developments – Consequences for the Emerging Services Science [C]. The First German Services Science Conference. April 6, 2006: 11 – 16.

化过程，关注有形和无形元素的混合以及工业部门和服务部门之间新兴的价值链。评价：关注内容明确；创新性、相关性、复杂性问题要求跨学科、多学科方法；不是仅对服务部门的理解；有可能从以顾客为中心转换为以产品和技术为中心；在验证一门新科学的正确性时，具有争议性。

第四，“服务”指与服务相关的议题，因此服务科学指服务技术科学、服务创新科学等。方法：关注所选定的方面，如技术、创新等。评价：关注的内容可能是明确的；创新性、相关性、复杂性问题要求跨学科、多学科方法；对“服务”的理解不明确；由于关注其他方面（如技术、创新等），很容易忽略以客户为中心；这些狭隘、而且变化的议题在证明一门新科学的专门化时，具有争议性。

第五，“服务”指服务管理，因此服务科学是对无形的、通过相互交户作用生产的产品进行管理的科学。方法：将服务管理作为基础；以服务的特征（无形性与顾客整合）为中心；着重从顾客、员工以及顾客—员工间的交互角度理解服务。将更多的观点融入到跨学科方法中来解决问题，视野更开阔。评价：面向服务的具体问题；跨越不同部门和工业的宽泛角度；保持对服务中人的关注：顾客、员工以及相互间的交互作用；在现有的服务研究基础上进行研究是可行的；对新议题的整合是可能的。

（5）其他观点

Xu 和 X. F. 等①将 SSME 理解为服务科学、管理与工程三个部分。其中，服务科学是指开发一个适当的服务模型，以便对服务行为、能力、过程、咨询人员、客户正式地加以描述，特别是对它们之间关系的描述。服务管理包括如何为客户设计出好的服务，如何指导服务供应者提供有效率和受欢迎的服务等。服务工程则是应用

① Xu, X. F., Wang, Z. J. & Mo, T. Methodology of Service Engineering [C]. 2006 Asia Pacific Symposium on Service Science, Management and Engineering, Beijing, China, November, 2006.

相应的方法论、技术平台和基础设施来支持服务生命周期中的分析、设计、建模、实施以及运行管理等过程。

国内学者魏建良、朱庆华将目前服务科学的定义分为三类[①]：第一类是整合型定义，这类定义强调 SSME 的学科整合性；第二类是效用型定义，这类定义强调 SSME 对服务的创新、优化作用；第三类是系统型定义，这类定义认为服务系统是 SSME 的主要研究对象。

梁战平认为服务科学有明确的研究对象——人、过程和资本[②]。它更多地涉及人类相互影响的模式。研究人、过程、资本相互之间互动的商业创新、技术创新和产业创新，借助利益方的合作，进行交互作用，提高服务绩效，创造价值，共享价值和不断增进价值。

还有人认为服务科学是对服务体系的研究[③]，具体包括：

- 发展与设计：服务提供者和用户在交互中不断地创造价值，需要设计服务体系来预测和处理这些经济实体之间的依赖关系。

- 交互与价值创造：服务体系是由相互作用的提供者和用户组成的。每个经济实体都可以担当提供者或用户。服务体系的动力机制来源于人、组织和技术之间不断地转移知识价值，以及他们之间形成的生态系统网络。

- 专业化与协作：价值创造需要客户与服务提供者的专业化机制，但这也需要通过市场、组织结构或其他机制的协作。专业化可以提高效率并增加利润，因此会带来更多的投资和新的需求。

从上述不同定义中可以发现，虽然这些学者对服务科学含义的表述略有不同（其实是定义的角度不同，如有的强调效用、有的强调研究内容等），但它们在本质上具有一定的内在联系，都是指整

① 魏建良，朱庆华．服务科学理论研究及其面临的挑战［J］．外国经济与管理，2008，30（6）：15－16.

② 梁战平．21 世纪的新兴科学——服务科学［J］．中国信息导报，2005（5）：11－13.

③ 薛虹．关于服务科学（SSME）的若干问题［J］．中国统计，2009，1：53.

合多种不同的学科方法（具体包括计算机科学、运筹学、管理科学、工程学、社会科学和认知科学等）对服务系统（或体系）及其基础性理论的研究，并强调人的交互作用，以达到改善服务的目的，推动服务创新，为服务提供者和客户创造价值。

2.1.2 服务科学的特征

目前国内外许多学者对服务的特征进行了不同视角的研究，而对服务科学的特征①进行研究的甚少。

Bernd Stauss 博士认为服务科学有如下特征②：①面向问题；②提供解决方案；③跨学科性；④强调合作；⑤面向团队；⑥多方法性。

根据服务科学的内涵不难理解其以上特点，在此不再赘述。

2.1.3 服务科学研究的目的及意义

SSME 概念的提出，一方面是为了解决服务业效率低下，服务在很大程度上依靠员工个人经验的现状；另一方面也是为了更好地利用信息技术的最新进展，实现对服务知识的重新组合和重复利用，推动服务创新。Hidaka 将 SSME 的主要目的总结为三个方面③：①为服务提供科学的分析方法，如应用数学模拟、计算机仿真等定量研究方法，通过将服务交付过程工程化而实现服务效率的最大化。同时，综合商业、技术和人的因素，对服务进行有效的管理。

---

① Mary Jo Bitner, Stephen W. Brown. The Evolution and Discovery of Services Science in Business Schools [J]. Communications of the ACM, 2006, 49 (7): 74.

② Bernd Stauss. International Service Research - Status Quo and Developments - Consequences for the Emerging Services Science [C]. The first German Services Science Conference. April 6, 2006: 11.

③ Hidaka, K. Trends in Service Science in Japan and Abroad [J]. Quarterly Review, 2006, 19 (4): 39.

②解决服务无形性、异质性、易逝性和同步性特点所产生的一些问题，特别是要充分利用信息技术，提取出服务提供过程中的可编码化知识，将其组件化并增加可自动化处理的部分，以提高服务的产出率。③为创新提供系统性的发展框架，主要是对服务创新的背景、资源、模式、方法、制约因素、环境等进行研究，为服务创新的实现提供系统性的方法。

Jim Spohrer① 认为 SSME 研究的意义在于推动服务创新，从而促进企业的税收和利润增长，国家的 GDP 增长，为学生创造新的就业机会，并开辟了学术界与企业、社会进行合作研究的新领域。

2.1.4 服务科学的学科体系

作为一门学科，服务科学有哪些学科体系？国内外一些学者对此进行了尝试探索。

2005 年，梁战平首次在文章中以图表的形式介绍了服务科学的学科体系②，认为服务科学是自然科学、社会科学、人文科学与技术科学的交叉，是一门实用性很强的学科。涉及的课程有：服务心理学、服务社会学、服务组织行为学、服务人力资源、服务管理学、服务技术、服务工程、服务实践（医疗、法律、教育、科研、影视、游戏、旅游、旅馆等）、E 服务、服务经济学、服务营销学、服务运筹学、服务计量学、客户关系管理学、服务传媒学、服务哲学等。

IBM 认为服务科学的核心是知识资源驱动的服务创新，是多种创新功能（技术创新、企业创新、需求创新、社会组织创新）的交

---

① Jim Spohrer. The Opportunities and Challenges of Doing Business in Today's Global Services Economy [C]. First German Services Science Conference. Ingolstadt, Germany, April 6, 2006: 9.

② 梁战平. 21 世纪的新兴科学——服务科学 [J]. 中国信息导报, 2005 (5): 11-14.

叉[①]，如图 2.3 所示。

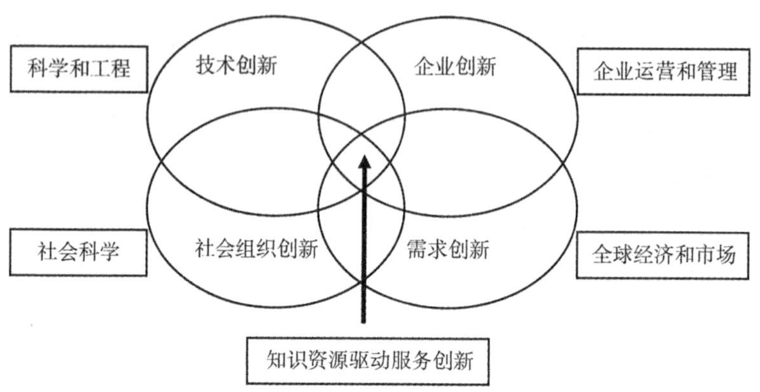

图 2.3　服务创新是多种创新的交叉

资料来源：Paul P. Maglio. Service Science, Management and Engineering (SSME) [R]. America: IBM Almaden Services Research Center, 2006: 20. 经作者整理。

另有学者认为，与服务科学相关的核心学科主要有数学，通过模拟现实世界，提供解决方案；信息科学为数据的收集、汇总以及分析提供了工具；社会科学，如经济学、法律和组织理论，是获取现实世界知识所必备的，加深对人类的理解，如分析消费者满意度等。通过合理利用企业实践中的知识和经验将这些学科进行综合，即可以形成服务科学新的知识体系结构[②]。

欧洲服务科学和系统工程研究小组成员 Steve Wright 在网络欧洲软件与服务计划中指出，社会科学、技术以及业务流程三者的交叉融合，可以构建出 SSME 的理论体系。

也有国内学者根据不同的划分标准，构建出 SSME 不同的学科

① Paul P. Maglio. Service Science, Management and Engineering (SSME) [R]. America: IBM Almaden Services Research Center, 2006: 15-31.

② 薛虹. 关于服务科学 (SSME) 的若干问题 [J]. 中国统计, 2009 (1): 53.

体系①，如表 2.1 所示。

无论采用哪种理论框架，服务科学要说明的是服务体系是社会、技术、经济组成的复杂系统，它是由人、技术和组织所共同构成的价值创造网络，因此，要综合各学科的知识，运用系统的观点来完善和发展服务科学。

表 2.1　SSME 的不同学科体系划分

划分标准	SSME 学科体系
研究内容的交叉性	SSME 综合、服务科学学科、服务工程学科、服务管理学科
研究内容的理论性、实践性	SSME 理论、SSME 技术、SSME 应用
具体研究内容	SSME 通论、服务科学、服务工程、服务管理、服务系统与人、服务设计、服务艺术、服务产业②

资料来源：吴建祖，张兴华，陆俊杰．服务科学、管理与工程（SSME）学科体系构建［J］．中国科技论坛，2009，1（1）：23－24. 经作者整理。

2.1.5　服务科学的核心议题

服务科学到底关注并拟解决哪些现实问题呢？在 2004 年 5 月由 IBM 主办的国际会议中高度强调了以下四个主要议题③：

（1）企业战略

在服务科学中，考察如何将企业战略转化成科学公式，如何指导建模，如何引入定量预测和推理，以及如何转换企业战略使之具有高度可预测性。IBM 的 CBM 模型（Component Business Model）

① 吴建祖，张兴华，陆俊杰．服务科学、管理与工程（SSME）学科体系构建［J］．中国科技论坛，2009，1（1）：23－24.

② Claudio Pinhanez, Paul Kontogiorgis. A Proposal for a Service Science Discipline Classification Systems［C］. Presented at Frontiers in Service Conference, October 2008.

③ Tadahiko Abe. What is Service Science?［R］. The Fujitsu Research Institute Economic Research Center, 2005: 17－18.

有助于理解该框架。人们期望通过服务科学融合信息技术、经济学和企业战略研究以简化企业构造和量化模型。

（2）业务流程

可以把服务科学看作是一种运用数学模型来进行最优化需求分析、供应计划、定价以及业务再造其他方面的方法。业务流程不再受限于建模，服务科学致力于运用数学、运筹学、管理科学、计算机科学及其他领域知识以使业务流程最优化。业务流程作为服务科学的目标，具体包括收益预计、合同定价和人力资源分配。

优化业务流程的另一个重要方面是行业标准的明确化和传播。为达到此目的，服务科学寻求研究各种各样的议题，如业务模型、优化所选用标准的方法以及绩效评估指标（performance measurement indices），用来比较分析横向和纵向行业结构的绩效标准。

（3）人力资源

为了在动态的企业环境中实现管理目标，员工能够快速、灵活地应对变化是很关键的。因此培养人力资源是至关重要的。

（4）基本技术

包括商务绩效管理、信息整合、安全和隐私。商务绩效管理的目的在于以实时模型为基础来监督企业绩效，从而做出一致、优化的决策。信息整合是指从网上急速增长的大量信息中提供给决策者所需要的正确情境和细节以便执行决策。为实现此目的，信息整合提供了大量的工具，如一致、适时的数据集合、非结构化数据集合、搜索引擎以及分析技术和方法、公司内外部的相关沟通交流。对于安全和隐私问题，考虑重点正从技术角度转向管理角度，而且在服务提供阶段成为一个重要事件。服务科学致力于提供者和客户之间平稳、顺畅地交流。

2.1.6 服务科学的研究方法

研究方法对于一门学科的重要意义是不言而喻的，没有适当的

研究方法，研究内容的重要性就无法体现，有关学科也就难以成为一门科学。SSME 也迫切需要针对服务系统特点的科学研究方法。由于 SSME 具有明显的跨学科性，因此，虽然目前出现了一些新的研究方法，但是，SSME 远未形成自己的完整方法体系，更多的只是开始把服务观念引入研究[①]。

（1）引入服务主导观念

SSME 问世的一个重要背景，就是服务业特别是知识密集型服务业在经济结构中的比例快速上升。服务经济与传统经济的一个重要区别就在于，服务经济更加关注过程，注重知识、技能等动态性资源，并把价值创造看作是服务提供商与消费者合作的过程，Jim Spohrer、Stephen L. Vargo、Nathan Caswell 和 Paul P. Maglio[②] 把这称为“服务主导观念”（service – dominant logic）；而传统经济则注重产品的生产，看重静态性资源（如自然资源），并把价值创造简单地看作是将资源转化为产出并交付给消费者的过程，这就是所谓的“产品主导观念”（goods – dominant logic）。服务主导观念以知识、技能为核心，通过知识、技能使静态的资源动态化，强调服务提供商与消费者之间的互动、对话以及前者向后者提出价值主张，重视与消费者一起构建价值创造网络和开展合作营销活动等。第 3 章对此有较详细的论述。

（2）工程学方法

SOA（service – oriented architecture）研究模型[③]，客户行为数

---

① 魏建良，朱庆华．服务科学理论研究及其面临的挑战［J］．外国经济与管理，2008，30（6）：18 – 19.

② Jim Spohrer, Stephen L. Vargo, Nathan Caswell, Paul P. Maglio. The Service System is the Basic Abstraction of Service Science［C］. Proceedings of the 41st Hawaii International Conference on System Science, 2008：3 – 5.

③ Radding, A. How IBM is Applying Science［J］. Consulting Magazine, 2006,（3）：10 – 19.

量模型[①]，服务价格模型（B. Dietrich，2006），自助服务、服务产出与服务质量模型[②]，组件化模型[③]等。

（3）社会科学研究方法

服务经济学分析，服务生命周期分析，服务创新管理，服务对象与员工心理分析等（M. J. Realff 等，2006；J. Spohrer，2007；R. B. Chase，2008）。

（4）整合性研究方法

SSME 整合研究思想，最早可追溯到 SSME 概念的首次提出——SSME 是服务科学、工程和管理的整合。后来，有学者对这种整合思想进行了扩展和深化，这一方面表现为对方法结构的补充。例如，鉴于工程化和计算机科学研究报告或论文在 SSME 研讨会上占据主导地位的现状，Rust 提出了社会科学研究方法也应该是 SSME 研究的重要方法之一（尤其是在涉及服务系统中的人的时候）的观点[④]。Larson 则在 Rust 构建的框架下，综合从工程学、管理科学和社会科学三个方面，对特定服务系统进行了实例分析，试图把管理科学、社会科学的元素纳入工程学模型。还有学者认为，应该把艺术元素引入服务研究体系，将艺术作为排在服务科学、管理科学和工程学之后的第四重要元素（R. Epworth，2007）。另一方面，整合思想在 SSME 研究领域的深化和扩展，还表现为对方法的

① Takagi , H. Research and Education of SSME in Japanese Universities [A]. in Hefley, B, and Murphy, W (Eds.) . Service Science, Management and Engineering Education for the 21st Century [C]. Springer US : Springer , 2008 : 347 - 354.

② IBM. IBM Systems Journal [EB/OL]. http : // www. research. ibm. com/ journal/ sj47 - 1. html, 2008 - 01 - 01.

③ IBM. 2008 International Conference on Service Science [EB/OL]. http: // www - 304. ibm. com/ jct09002c/ university/ scholars/ skills/ssme/ ICSScall. pdf, 2007 - 12 - 01.

④ T. R. Rust . SSME —Let's not Forget about Customers and Revenue [A] . in Hefley , B , and Murphy , W (Eds.) . Service Science , Management and Engineering Education for the 21st Century [C]. Springer US : Springer , 2008 : 31 - 34.

具体化，把科学、工程、管理等领域深入细化到其中的特定方法[①]，而Spohrer提出的SSME学科分类体系可算是这种具体化表现的典型。有学者在具体化的基础上，运用服务生命周期理论构造了服务生命周期和各学科方法应用的二维分析矩阵，从而为探讨不同学科方法在服务过程中的应用提供了平台。

需要注意的是，不能把SSME的研究方法简单地理解为多学科方法，而应该理解为把多学科知识应用于统一的研究框架并对服务系统进行整合分析的方法。而且，SSME的研究也不能停留在利用现有方法的水平上，而应该在新的研究思路下不断探索新方法。

当然，新的学科方法的出现并不是一蹴而就的，而需要一个继承、扩展、创新的演化过程。当前，SSME的研究方法正处在继承与扩展的中间阶段，即运用已有学科方法来研究服务系统，并针对服务系统的特点逐步加以扩展。这方面较为典型的研究方法，如服务动态演变法、多主体（multi - agent）仿真法、运用复杂系统和复杂网络来构建服务系统模型的方法、服务售前体验三维仿真法[②]等，都是从学科整合的角度来研究有关服务系统的问题的。

2.1.7 服务科学与情报学的联系

21世纪随着服务部门在价值创造及劳动力就业量上的比重越来越大，以及世界经济就业结构从农业、工业开始向服务业转变的社会现实下，服务科学应运而生。与此相似，情报学的产生是第二次世界大战后人类情报活动不断提高及扩展的结果，也是社会发展的必然结果。那么这两种学科是否有一些相似之处呢?

情报学领域的带头人物赖茂生（2008）和梁战平（2009）都

① Bitner, M. J., and Brown, S. W. The Evolution and Discovery of Services Science in Business Schools [J]. Communications of the ACM, 2006, 49 (7): 73 - 78.

② Husen, C. V., et al. A Laboratory for Simulating and Testing new Service Concepts [R]. 16th Annual Frontiers in Service Conference, San Francisco, US, October, 2007.

撰文指出：知识服务是情报学界的前沿研究领域，而服务科学的主要研究对象为知识密集型服务，因此两种学科之间必然有紧密的联系。

通过前面内容的介绍，我们对21世纪初新兴的学科——服务科学有了初步的了解。又根据对情报学专业方面的学习、研究的知识积累和沉淀，我们尝试性地对情报学和服务科学的相关知识进行分类、归纳、提炼、概括，最终将两种学科的比较分析汇总如表2.2所示。

表2.2 情报学与服务科学的比较分析

		情报学	服务科学
相似点	①跨学科性	是一门介于自然科学、技术科学与社会科学之间的交叉学科、边缘学科，涉及数学、逻辑学、心理学、计算机技术、管理科学、系统工程学等学科领域	整合多种不同的学科方法，包括计算机科学、运筹学、管理科学、工程学、社会科学和认知科学等
	②多方法性	情报学研究方法分为三个层次：哲学方法，一般科学方法（包括数学方法、控制论方法、信息方法、系统方法、耗散结构论方法、协同论方法、突变论方法），情报学的专门研究方法（包括情报计量学方法、引文分析法、情报整序法、内容分析法等）	服务科学的研究方法有：引入服务主导观念，工程学方法，社会科学研究方法，整合性研究方法，但目前还没有完全属于自己的研究方法
不同点	①研究对象及其特征	以人类的情报运动和社会现象作为研究对象，情报具有知识性、传递性、效用性、社会性、时效性等特征	通过对服务系统的研究来实现改善服务的目的，服务具有如下特征：无形性、生产消费同步性、易逝性、差异性等

续表

		情报学	服务科学
不同点	②理论基础	哲学、数学和信息技术①	有国内学者对此进行过探究②，但目前尚未有统一、明确的界定
	③学科体系	理论情报学、技术情报学、应用情报学、管理情报学③	根据不同的划分标准，有不同的学科体系
	④研究领域/热点	知识组织、情报检索、情报研究、信息资源管理与知识管理、数字图书馆、网络用户行为研究、情报学理论、信息计量学、信息政策与法律、信息经济学④	企业战略，业务流程，人力资源，基本技术，服务规模效应，服务系统计算理论与建模，服务全球化，服务强度/复杂性测度⑤，客户满意，服务质量，客户忠诚，服务补救⑥，服务创新，服务生态系统，服务定价，服务生产力测度⑦
	⑤当前所处的发展阶段	情报学产生于 20 世纪 50 年代，目前处于发展成熟期	服务科学的概念最早提出于 2002 年，目前处于初步探索期，对于服务科学的基本理论、方法等尚未有统一的认识
	⑥学科发展动向	从数字图书馆到后数字图书馆（PDL，Post – Digital Library），从信息孤岛到网格，从信息服务到知识服务，从信息技术到知识技术⑧	随着 ICT 技术不断演进，发展前景广阔

---

① 靖继鹏，毕强．情报学理论基础［M］．长春：吉林科学技术出版社，1996：58.

② 梁战平．21 世纪的新兴科学——服务科学［J］．中国信息导报，2005（5）：11 –14.

③ 王知津，郑红军．数字时代情报学的发展及学科体系构筑［J］．郑州大学学报（哲学社会科学版），2005（4）：10 –11.

④ 赖茂生等．情报学前沿领域的确定与讨论［J］．图书情报工作，2008，52（3）：15 –18.

⑤ Michele Del Sordo. Introduction to Service Science［R］. Report from IBM. September，2007：41 –54.

⑥ Bernd Stauss. International Service Research – Status Quo and Developments – Consequences for the Emerging Services Science［C］. The First German Services Science Conference. April 6，2006：4 –5.

⑦ Kazuyoshi Hidaka. Trends in Services Sciences in Japan and Abroad［J］. Quarterly review，2006（19）：40.

⑧ 梁战平，梁建．新世纪情报学学科发展趋势探析［J］．情报理论与实践，2005，28（3）：227 –229.

续表

		情报学	服务科学
联系	①研究方法借鉴	可以借鉴情报学的一些成熟的研究方法对服务科学相关课题进行研究，如利用情报学的数据收集、整合、分析工具对现实问题进行评估，具体地如运用信息理论中的熵来计算市场的复杂性；亦可在消费者心理/行为、系统、知识管理、经济学等方面课题借鉴情报学的相应研究方法	
	②交叉研究领域	由两种学科涉及的多个相似学科领域及其学科体系可知，两者必有共同的研究领域或研究点，如技术方面，有SOA①、语义网、知识组织技术、本体技术等；还有系统、知识共享、管理科学等方面。在某种程度上，可以说在21世纪作为知识经济和服务经济的双重身份下，服务科学的相关研究是情报学的又一新研究领域，并扩展了情报学的应用研究范围，具有很重要的现实意义	

2.2 服务系统基本知识

2.2.1 服务系统的含义

作为服务科学的主要研究对象，到底什么是服务系统呢？

Maglio、Kreulen、Srinivasan 和 Spohrer② 认为“服务系统是由人、技术和组织组成的价值共创网络，为变革状态和共创价值而采取的干涉行为构成了服务”。

有一种观点认为服务系统（service system）是由人、技术和共

① Henry Chesbrough, Jim Spohrer. A Research Manifesto for Services Science [J]. Communications of the ACM, 2006, 49 (7): 38.

② Christo Sims. Defining Services for Designers: Service as Systems of Social and Technical Relations [R]. UCB iSchool Report, 2007 (2): 7.

享信息组成的资源的动态结构，可以创造和提供服务，在风险和共创价值之间维持平衡。对所有涉及人的系统的不断调整和协商是造成动态性的部分原因，人是服务系统中价值和风险的最终判定者。服务系统是复杂的适应系统，也可以说是“一种系统中的系统”类型，内部包含小系统，同时又被更大系统包含。它们通常与其他服务系统通过价值主张（value proposition）进行交互，由此可以形成具有稳定关系的扩展价值链或服务网络（service networks）①。

Jim Spohrer、Paul P. Maglio、John Bailey 和 Dan Gruhl 认为“服务系统是由人、技术、其他内部和外部系统以及共享信息（如语言、过程、规律、价格、政策和法律）组成的价值共创结构”。个人、家庭、公司、国家以至于整个经济都是服务系统。其中两个特例是个人（只与外部服务系统交换服务）和整个全球经济（包含许多交换服务的内部系统）。因为大多数的服务系统（如家庭、公司和国家）既包括内部服务结构，也包括外部服务结构②。

IBM 列举的服务系统实例如表 2. 3 所示③。

表 2. 3　服务系统实例

服务系统实例	服务系统实例
人	专业协会
家庭	纪律委员会
企业	政府机构
城市	（美）政治行动委员会

① Succeeding through Service Innovation: A Service Perspective for Education, Research, Business and Government [C]. A Whitepaper Based on Cambridge Service Science, Management and Engineering Symposium (July 2007) & The Consultation Process, 2007: 18.

② Jim Spohrer, Paul P. Maglio, John Bailey, Dan Gruhl. Steps Toward a Science of Service Systems [R]. IBM Research, Almaden Research Center. USA: 7.

③ Service Science Faculty Workshop, Robert J. Glushko. A Systems Approach to Service Science Research [R]. Report from National Tsing Hua University and University of California, Berkeley, June 16, 2008: 8.

续表

服务系统实例	服务系统实例
国家	非政府机构
医院	非营利机构
大学	基金会
呼叫中心	网上社区，线上游戏，虚拟世界
数据中心	

资料来源：Robert J. Glushko, etc. A Systems Approach to Service Science Research. Service Science Faculty Workshop [J]. National Tsing Hua University, June 16, 2008.

2.2.2 服务系统与物理系统、信息系统的比较

服务系统与物理系统、信息系统三者的比较[①]见表2.4。

表2.4 服务系统与物理系统、信息系统的比较

	物理系统	信息系统	服务系统
兴起年代	18世纪	19世纪	20世纪
转化物	物质和能量	信息	人、技术、组织和信息
举例（度量）	蒸汽机（质量、距离、时间）	搜索引擎（复杂计算）	海外呼叫中心（时间、成本、技能水平）
遵循规律	物理	逻辑、数学	法律、文化、契约

资料来源：Paul P. Maglio, Savitha Srinivasan, Jeffrey T. Kreulen, Jim Spohrer. Service Systems, Service Scientists, SSME, and Innovation. Communications of the ACM. July, 2006, 49 (7): 83.

2.2.3 服务系统的构成要素

根据服务系统的含义可知，其构成要素包括如下四部分[②]：

---

① Paul P. Maglio, Savitha Srinivasan, Jeffrey T. Kreulen, Jim Spohrer. Service Systems, Service Scientists, SSME, and Innovation [J]. Communications of the ACM. July, 2006, 49 (7): 83.

② 魏建良，朱庆华. 服务科学理论研究及其面临的挑战 [J]. 外国经济与管理，2008，30 (6): 16-17.

• 人。人是服务系统中最具创造性的因素。当对人才需求越大而且需要花费更长时间来培养他们或使他们具有胜任能力时，人力资源往往变得更加宝贵。比如在一个行业只有有限的一些人才，因此创造拥有这些专业技能的人才需要时间投资和教育投资。因此为了扩展依赖于人力资源的服务系统，要求从另一个不太昂贵的地域寻求劳动力（如印度），或从另一个行业部门重新塑造和培训人才（如从工业或农业向服务业迁移），或确定人口统计细分来进行劳动力配置。对服务系统中人的研究主要包括三个方面：①服务人才研究[①]；②客户研究[②③]；③互动研究[④]。实际上，服务本身就是服务提供商与客户之间的一种互动（S. E. Sampson 等，2006），因此，互动研究也是最为重要的研究内容之一。

• 技术。技术资源像大多数的实物供应一样，常常人们购买得越多，就会从卖方处得到越低的价格。下一个单元的生产增加成本比其前一个单元的要低。这方面的研究主要包括运用 ICT、工程、数学等方法来进行服务战略、服务设计及其优化[⑤]、服务效率、服务定价[⑥]、服务交付、服务质量、服务隐私和安全保证等方面的改进、改善或提升，以此推动服务创新，并提高服务产出率和透明度。

---

① Tadahiko Abe. What is Service Science? [R]. The Fujitsu Research Institute Economic Research Center, 2005: 17 - 18.

② Takagi, H. Research and Education of SSME in Japanese Universities [A]. in Hefley, B, and Murphy, W (Eds.). Service Science, Management and Engineering Education for the 21st Century [C]. Springer US: Springer, 2008: 347 - 354.

③ Bitner, MJ, et al. Services Science Journey: Foundations, Progress, Challenges [A]. in Hefley, B, and Murphy, W (Eds.). Service Science, Management and Engineering Education for the 21st Century [C]. Springer US: Springer, 2008: 227 - 234.

④ Xu, Z W, Li, W, and Liu, X W. What is "Service" in Service Science? - A Computer Science Perspective [R]. 2006 Asia Pacific Symposium on Service Science, Management and Engineering, Beijing, China, November, 2006: 5 - 9.

⑤ Roberta, S R, and Christopher, W. Bringing Service Sciences into the Curriculum [A]. in Hefley, B, and Murphy, W (Eds.). Service Science, Management and Engineering Education for the 21st Century [C]. Springer US: Springer, 2008: 137 - 140.

⑥ Hidaka K. Trends in Services Sciences in Japan and Abroad [J]. Quarterly Review, 2006 (19): 35 - 47.

• 内部和外部系统。这里，内部系统是指服务系统中连接人、技术与共享信息的系统，而外部系统则是指与整个服务系统价值主张（value proposition）相关的系统（Wikipedia ，2007）。可见，这两部分的研究都侧重于整体分析，注重各要素之间的关系。

其中内部系统方面的研究涉及以下内容[①][②]：①人与技术的关系，如服务过程中人与技术的分工协作等；②人与共享信息的关系，如服务人员遵守法律法规的情况等；③技术与共享信息的关系，如技术进步对服务标准、法律法规、业务过程的影响等；④以上三者间的综合关系，如构建适用于业务过程分析的系统研究框架等。

• 共享信息。服务系统中的共享信息包括语言、过程、度量、价格、政策和法律等方面的内容，这些信息不仅是构成服务系统运行框架的基本要素，而且还能有效提高服务系统的运行效率。

2.2.4 服务系统的基本模型

在此借鉴由 Gadrey[③] 提出的、基本被认可的服务系统基本模型（如图 2.4 所示），该模型从服务提供者、客户和服务目的三个方面对服务系统进行了描述。

（1）服务提供者

包括对服务提供者拥有的人力、设备、技术等资源进行研究，分析其与理想水平存在的差距，并为如何获取这些资源制定可执行

---

① Tadahiko Abe. What is Service Science? [R]. The Fujitsu Research Institute Economic Research Center, 2005: 17 – 18.

② Spohrer , J. , et al . Steps toward a Science of Service Systems [J] . IEEE Computer Society , 2007 (1) : 71 – 77.

③ Gadrey, J. The Misuse of Productivity Concepts in Services: Lessons from a Comparison between France and the United States [A]. In J. Gadrey and F. Gallouj (Eds) . Productivity, Innovation and Knowledge in Services: New Economic and Socio – Economic Approaches [M]. Cheltenham UK: Edward Elgar Publisher, 2002: 26 – 53.

的方案。对服务提供者的研究还包括业务模式的改进、应用数学方法对服务产出率进行测度、应用计算机模拟服务的效果等。

（2）客户

对客户的研究主要从社会科学和认知科学的角度出发，包括对服务个性化、客户选择、客户满意度、客户偏好、客户心理、客户参与共同生产以及不同类型客户特征等方面的研究。

（3）服务标的

包括研究服务标的的类型，不同服务标的的性质及其所需要的资源，服务标的交付的基本类型，不同服务标的交付模式的特点及适用环境等。

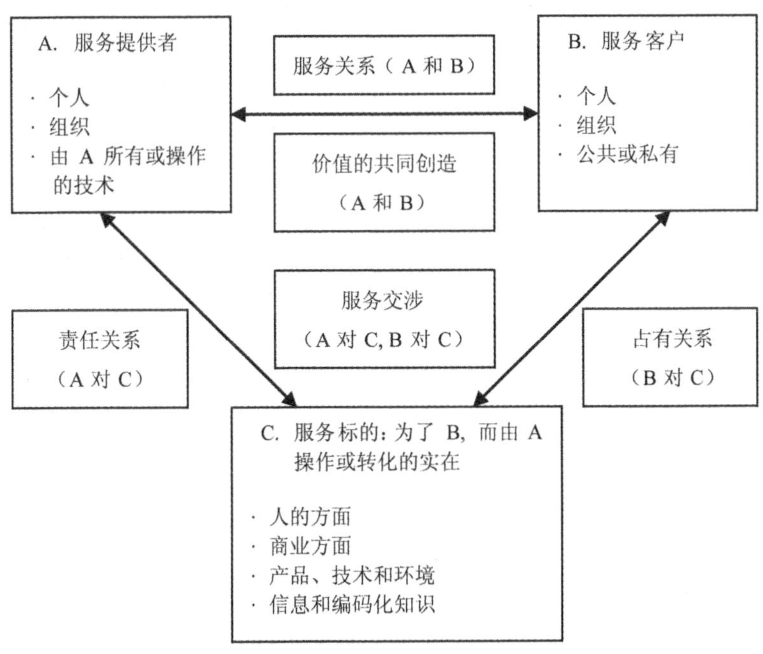

图 2.4　服务系统的基本模型

资料来源：Gadrey, J. The Misuse of Productivity Concepts in Services: Lessons from a Comparison between France and the United States [A]. Productivity, Innovation and Knowledge in Services: New Economic and Socio – Economic Approaches [M]. Edward Elgar Publisher, 2002.

2.3 服务的基本知识

SSME 的基本出发点就是要用系统化、形式化的方法对服务展开研究。由此，要深入了解 SSME 的内涵，就有必要先明确“服务”的基本概念。

2.3.1 服务的定义

关于“服务”，《辞海》的解释为：一是为集体或别人工作；二是政治经济学术语，亦称“劳务”，即不以实物形式而以提供活劳动的形式满足他人某种特殊需要。而学者们对服务概念的界定从不同角度（服务管理、服务营销等）揭示了服务的特征①②，列举如下：

★1960 年美国营销协会（AMA）③ 最早给出服务的定义是“用于出售或连同产品一起提供的活动、利益或满足”。

★Stanton④ 认为“服务是可被独立甄别的提供需求满足的无形活动，它与其他产品或服务的销售无必然联系”。

★Hill⑤ 认为“服务是由一个经济实体在得到许可情况下对另一经济实体的人或物带来的条件或状态上的变化”。此定义被美国

① 刘作仪，杜少甫．服务科学管理与工程：一个正在兴起的领域［J］．管理学报，2008，5（4）：610.

② 张晓林．基于价值链的服务企业理论与创新研究［D］．天津大学，2006（6）．

③ Blankson C.，Kalafatiss P. Issues and Challenges in the Positioning of Service Brands：A Review［J］．Journal of Product & Brand Management，1999，8（2）：106－118.

④ Stanton W. J. Fundamentals of Marketing［M］．New York：McGraw Hill，1964.

⑤ Hill T. P. On Goods and Services［J］．The Review of Income and Wealth，1977，23（4）：315－338.

政府作为新北美产品分类系统（NAPCS）中定义服务产品的基础[①]。

★Sasser 等[②]认为“服务是无形的、易逝的，它是一种产生与使用同时或几乎同时发生的事件或过程”。

★Zeithaml 等[③]认为“服务就是行动、过程和绩效”。

★Gronroos[④] 认为“作为客户问题解决方案的一个或一系列活动”。

★Fitzsimmons 等[⑤]认为“服务是一种客户直接参与其中作为合作生产者（co－producer）的时间易逝性无形体验（experience）”。

★Gadrey[⑥] 认为“服务就是服务提供者与客户协同工作以转换某对象（如物质商品、信息商品、组织）的状态，这些对象与客户具有某种隶属关系”。

★IBM 服务研究小组[⑦]给服务下的定义则是“协同创造和获取价值的服务提供者/客户交互行为”。

★Maglio、Srinivasan、Kreulen 和 Spohrer[⑧] 认为“服务是由为转换状态和共创价值而采取的干涉行为组成的”。

---

① Mohr M.，Russels A. North American Product Classification Systems：Concepts and Process of Identifying Service Products ［C］．Proceedings of the 17th Annual Meeting of the Voorburg Group on Service Statistics Nantes，France，2002.

② Sasser We，Olson RP，Wyckoffdd. Management of Service Operation ［M］．Boston：Allyn and Bacon，1978.

③ Zeithaml Va，Bitnerm J. Service Marketing ［M］．New York：McGraw－Hill，1996.

④ Gronroos C. Service Management：A Management Focus for Service Competition ［J］．International Journal of Service Industry Management. 1990，1（1）：6－14.

⑤ Fitzsmmons J. A.，Fitzsmmons M. J. Service Management：Operations，Strategy and Information Technology ［M］．3rd Bosten，MA：McGraw－Hill，2005.

⑥ Gadrey J. The Misuse of Productivity Concepts in Services：Lessons form a Comparison Between France and United States ［C］．Productivity，Innovation and Knowledge in Services：New Economic and Socio－Economic Approaches Edward Elgar：Cheltenham，UK，2002.

⑦ IBM Research . Services Science，Management and Engineering － Services Definition ［EB/OL］．http：//www. research. ibm. com/ssme/services. html，2008.

⑧ Paul P. Maglio，Savitha Srinivasan，Jeffrey T. Kreulen，Jim Spohrer. Service Systems，Service Scientists，SSME，and Innovation ［J］．Communications of the ACM，July 2006，49（7）：81－85.

★Baruch 等[①]认为“服务是指产出不是实物或不是由实物构成的所有经济活动”。

★Vargo 和 Lusch[②] 定义服务是“为了另一个实体的利益而对能力（知识和技术）的运用”。

★菲利普·科特勒（Phillip Kotler）[③] 区分了从纯产品变化到纯服务的四种类型，使服务概念变得更加清楚：①没有附带服务的纯有形产品（如牙膏、香皂等）；②附带服务的有形产品，利用服务招徕顾客（如计算机、彩电等）；③附带少部分商品的主要服务（如维修业服务）；④纯服务（如法律咨询、照顾小孩服务）。

★我国学者黄少军（2000）[④] 认为“服务是一个经济主体受让另一个经济主体经济要素的使用权并对其使用所获得的运动形态的使用价值”。该定义从经济学的角度对服务进行了界定。

★在 ISO9000 系列标准中，对服务所做的定义为“服务是为满足顾客的需要，在同顾客的接触中，供方的活动和供方活动的结果”。

基于以上认识，可以从以下几个维度来界定服务的概念体系：①服务是一种无形的过程和行为以及由此行为和过程造成的结果，是一种运动形态的使用价值；②服务的生产与消费是同时进行的，提供服务的过程就是消费的过程；③服务在交易中所有权不发生变化，只有使用权会发生变化；④服务范围宽泛，概念本身就存在异质性，因此应根据不同服务行业类别分别进行界定。

---

① Baruch, J. J., Quinn, J. B., P. Cushman Paquette. Technology in Services [J]. Scientific American, 1987, 257 (2): 50.

② Vargo, S. L., Lusch, R. F. Evolving to a New Dominant Logic for Marketing [J]. Journal of Marketing, 2004, 68: 1-17.

③ [美] 菲利普·科特勒，托马斯·海斯，保罗·N. 布卢姆. 专业服务营销（第一版）[M]. 俞利军译. 北京：中信出版社，2003 (8).

④ 黄少军. 服务业与经济增长 [M]. 北京：经济科学出版社，2000.

2.3.2 服务的特征

经查阅大量的文献，总结服务的主要特征如下①②③：

（1）无形性④

因为服务是一种活动、行为、体验和交互，它所提供的是客户通过感知而获得的满足。

（2）生产消费同步性

服务的供应与服务的消费同时发生，即生产与消费的不可分割性。这一过程需要客户直接参与，或者说是交互。基于这种观点，IBM 服务研究小组认为服务“服务提供者和客户协同创造或获取价值的交互过程”。

（3）易逝性

服务的无形性决定了它是易逝的、不可存储的。这也是生产与消费不可分离的原因。

（4）差异性

服务的差异性体现在两个方面：不同类型的服务，其内容、过程以及带给客户的体验差别很大；即使是同类服务，也因供应者、客户和环境等的不同以及过程中的不确定因素而难以达到质量上的一致性。

---

① Tadahiko Abe. What is Service Science? [R] The Fujitsu Research Institute, Economic Research Center, Tokyo, Japan, 2005.

② Hidaka K. Trends in Services Sciences in Japan and Abroad [J]. Quarterly Review, 2006 (19): 35 –47.

③ 张月莉，郭晶. 服务营销 [M]. 北京：中国财政经济出版社，2002.

④ Fitzsmmons J. A. , Fitzsmmons M. J. Service Management: Operations, Strategy and Information Technology [M]. 3rd Bosten, MA: McGraw – Hill, 2005.

2.3.3 服务与有形产品的比较

分析服务与有形产品之间的差异有助于进一步理解和把握服务的本质，芬兰学者格朗鲁斯对两者的特征差异进行了对比分析①，概括如表 2.5 所示。

表 2.5 服务与有形产品的比较

	有形产品	服务
存在形式	具有实体的独立、静态的物质对象	非实体的、无形的，是一种行为或过程
表现形式	标准化产品，产品外形具有相似性	具有差异性
生产、销售与消费	生产、销售及消费可以完全独立进行，消费者不参与生产过程	服务的生产、销售和消费是同一个不可分离的过程，顾客和员工必须同时参与才能完成
核心价值的产生方式	是凝聚在产品当中的静态属性，与顾客无关	在顾客与员工的接触中产生，它不可能事先被创造出来，是一种动态的属性
存储性	可以在一定时间内存储	服务的生产和消费是同时进行的，因此是易逝、不可储存的
顾客评价的难易程度	容易对其质量进行评价，并可以按照各种客观标准进行测量	评价涉及许多主观因素，不具备有形产品那样的客观评价标准
分销渠道	可以采取多种营销方式和分销渠道	服务生产与消费的同时性决定了只能采取较为单一的手段进行
规模效益	标准化生产，其规模效益较高	很难实现标准化生产，规模效益低下

服务与有形产品虽存在以上所述的多方面差异，但两者也有着内在的联系。Shostack 的连续谱模型有助于更好地理解有形产品与

① Christina Gronroos．服务市场营销原理［M］．吴晓云，冯伟雄译．上海：复旦大学出版社，1998.

服务的区别和联系。Shostack 的连续统一体理论认为[①]，任何一个企业，无论是制造业企业还是服务业企业，其所提供的产出实际上都是“有形产品 + 无形服务”的混合体，只不过是各自所占的比例不同。因此，制造型企业与服务型企业的传统划分渐渐失去了意义。

在 Shostack 的连续谱体系中，无形性成分为主的纯粹服务在最右端（以教育为代表），有形性成分为主的产品在最左端（以轮胎为代表），中间为餐饮业，它既包括产品也包括服务（见图 2.5）。近年来出现了一个新的组合词 prodice，这个词是由 product 和 service 的前后缀合成的，以说明产品与服务两者之间相互融合、密不可分的关系，便是一个很有说服力的例证。于是，区分企业类别的标准应是服务在其产值中的比例，服务企业则是以服务为主要业务和收入来源的企业。

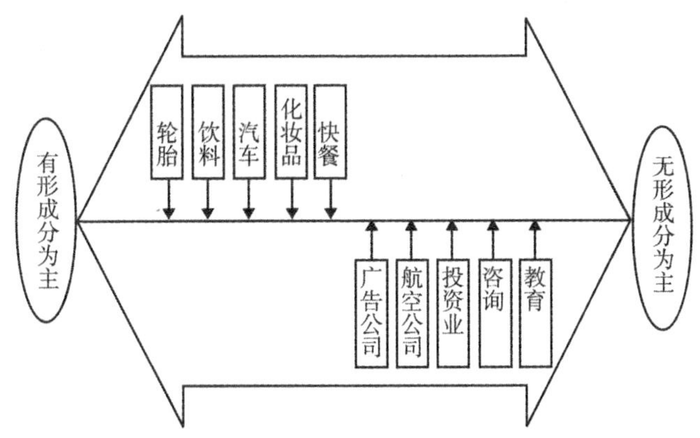

图 2.5 产品有形度的连续统一体

资料来源：叶万春．服务营销管理［M］．北京：中国人民出版社，2003.

① 叶万春．服务营销管理［M］．北京：中国人民大学出版社，2003.

2.4 本章小结

本章对全书的理论研究基础服务科学进行了详细的阐述，内容涵盖了该新兴学科的基本知识，包括其内涵、特征、学科体系等，并着重尝试性地探讨了服务科学与情报学的联系；接着对服务科学的主要研究对象——服务系统进行了阐述；最后介绍了服务的基本知识。

3 知识密集型服务系统的服务价值共创基本理论

3.1 知识密集型服务

3.1.1 知识密集型服务业的概念

对知识密集型服务业①至今尚未有一个公认的定义，各国学者都对知识密集型服务业进行了定义。

美国学者倾向于使用“知识服务产业”（Knowledge – Based Service Industry）来描述知识密集型服务业，将其定义为：以提供技术知识或专利权为主并支援制造业发展的服务业，或具有技术背景的服务业，该定义偏重以技术服务为特征的硬知识服务。

中国台湾学者将知识产业定义为：知识经济时代衍生出来的新兴技术服务业，包括制造业的延伸活动（如物流、专利权管理与全球运筹管理等）、大公司内部资讯、技术中介、知识设计服务、技术资产评估等，这个界定更为具体，但仍然偏重以技术服务为特征的硬知识服务，未反映出该产业的全貌。

欧洲学者倾向使用“知识密集型服务业”（Knowledge – Inten-

① 吕铎．知识密集型服务业创新能力研究——以天津为例（D）．河北工业大学，2007（12）．

sive Business Service，KIBS）并尝试给予描述性的定义。Muller 和 Zenker（2001）①广义地将其定义为主要为其他公司提供有高知识附加值的服务公司。这种一般性定义难以反映知识密集型服务业形式和活动的多样性。Miles 等（1995）认为知识密集型服务业是指那些显著依赖于专门领域的专业性知识，向社会和用户提供以知识为基础的中间产品或服务的公司和组织②。Miles 的定义适用性较强，是目前被引用得较多的观点。

在政策研究与实践中，一些国家和经济组织结合自身实际对 KIBS 进行了界定。如经济合作与发展组织（OECD）认为③，KIBS 就是那些技术及人力资本投入密度较高、附加值大的服务行业，这主要是从投入产出视角进行的观察。我国国务院发展研究中心把知识密集型服务业定义为运用互联网、电子商务等信息化手段的现代知识服务业，包括金融、保险、教育、咨询、信息、电信、物流配送、计算机软件与信息加工服务、研究开发测试服务、市场服务、商务组织服务（管理咨询、员工招聘服务）和人力资源开发服务等知识含量高，其产品价值体现在信息服务的输送和知识产权上，这主要是从运用的工具—技术角度对 KIBS 进行定义。

金雪军（2002）④将知识密集型服务业定义为：对信息流进行收集、整理、分析、研究、储存并转化为可用知识，为用户提供信息资源和信息管理的行业，包括技术服务（硬知识服务）、咨询服务（软知识服务）和电子商务服务（混合知识服务）三类。其中技术服务具体包括信息技术服务、软件开发与信息源管理、专利服务等；咨询服务具体包括金融投资咨询和代理服务、创业咨询服务、企业管理咨询服务等；电子商务不仅提供信息处理技术——信

---

① Muller, E., and Zenker, A Business Services and as Actors of Knowledge Transformation: the Role of KIBS in Regional and National Innovation Systems [J]. Research Policy, 2001, 30: 1501-1516.

② 魏江，Mark Boden. 知识密集型服务业与创新［M］. 北京：科学出版社，2004（3）.

③ 魏江，陶颜，王琳. 知识密集型服务业的概念和分类研究［J］. 中国软科学，2007（1）.

④ 金雪军，毛捷，潘海波. 中国知识服务业发展问题探析［J］. 软科学，2002（3）.

息处理平台，而且也提供相关的信息咨询服务，因此是一种混合知识服务。这一定义与上述国务院发展研究中心的界定基本相符。

上海市发展和改革委员会将知识密集型服务业称为“现代服务业”，将其描述为：伴随着信息技术和知识经济的发展产生，用现代化的新技术、新业态和新服务方式改造、提升传统服务业，创造需求引导消费，向社会提供高附加值、高层次、知识型的生产服务和生活服务。现代服务业囊括作为上海服务业重要支撑的金融、商贸、物流、房地产、旅游和信息服务业，以及作为上海服务业增长潜力领域的文化、教育、医疗、体育、航运服务、会展和中介服务业。该定义具有鲜明的地域特色，强调知识密集型服务业与传统的交融性、要素的智力密集性、产出的高增值性、供给的多层次性和服务的强辐射性等特点。

3.1.2 知识密集型服务业的特征

作为知识经济条件下的新型企业模式，知识密集型服务业既不同于提供可编码化产品的制造业，也不同于提供非知识密集产品的普通服务业，到底具有哪些一般企业所不具备的特征？不同学者对此有不同的理解。我们总结前人的研究成果，将 KIBS 的特征归纳为“四高”①②：

（1）高知识度

知识成为产业发展的第一要素，知识密集型服务业高度依赖专业性知识；或者组织自身就是主要的信息与知识来源。知识密集型服务业的知识资产有三大来源：组织内部员工的经验和专业知识、组织外部环境和客户的知识、两者互动产生的新知识。

① 魏江，陶颜，王琳．知识密集型服务业的概念和分类研究［J］．中国软科学，2007（1）．

② 李红．知识密集型服务业特征剖析［J］．情报杂志，2005（8）．

（2）高技术度

知识密集型服务业与新技术有着内在的联系。知识密集型服务业要么是新技术的积极使用者（如金融、保险、促销广告等），要么是新技术产生、扩散的代理人（如软件、电子商务、多媒体等）。知识密集型服务业的知识基础中包含了特殊领域的技术知识，如IT技术（包括软件、远程信息处理、多媒体等）、工程技术和环境技术等，而且近年来技术知识的重要性趋强。从产业归属来看，知识密集型服务业与高新技术产业是紧密联系的。

（3）高互动度

知识密集型服务业是客户需求导向型的。要为需求个性化、差异化的客户提供高度个性化的知识定制服务和专业知识设计，其服务过程必然伴随着服务机构与客户间的频繁信息沟通和强烈的互动。知识密集型服务业与客户之间的知识流动是双向的过程，一方面知识密集型服务业从客户那儿获取知识；另一方面知识密集型服务业通过把从外部获取的知识与自身知识结合，向客户提供特别问题的解决方案，同时补充知识密集型服务业本身的知识库。

（4）高创新度

知识密集型服务业在知识经济社会中对知识的产生和扩散起着关键性作用，扮演着知识接受者、知识界面和知识“催化剂”等角色。为提供知识服务，知识密集型服务业自身首先必须不断地进行知识创新，吸纳新技术知识，开发新信息处理和分析方法，创造适合技术和生产发展新要求的知识应用模式；同时也必须与服务对象一起进行创新，提供解决各种全新问题的知识服务产品。因此，从组织外部来看知识密集型服务业为外部企业充当外部知识源，促进了其服务对象——客户公司的创新；从组织内部来看，知识密集型服务业自身也处在不断创新之中，包括服务方式、服务途径、服务内容等方面的知识创新；同时知识密集型服务业与其他经济部门之间存在着互动关系，发挥着创新桥梁的作用。

3.1.3 知识密集型服务业的分类

国内外学者们提出的 KIBS 分类至少有 14 种①。这些分类各具差异，甚至同一研究计划采用的分类方法也不尽一致。

Sundbo（2000）把知识密集型服务业分为技术型、非技术型两类。

金雪军等（2000）把知识服务业分为技术服务（硬知识服务）、咨询服务（软知识服务）和电子商务服务（混合知识服务）三类。

在这些分类中，引用最多的是 Miles 等（1995）的观点。Miles 等把知识密集型服务业分为两类：第一类是由传统的专业服务组成的知识服务业，如会计和法律服务，该类服务业主要利用行政系统和社会公共事务的专有知识，帮助顾客与复杂的社会、自然、心理和生物系统进行沟通交流，这些知识密集型服务通常是新技术的使用者而不仅仅是其发展和扩散的代理人；第二类是技术密集型知识服务业，它是由与技术、新技术的产生和扩散相关的新服务组织组成，比较典型的是与计算机相关的服务业和技术工程服务业。

3.1.4 知识密集型服务业中知识的创造和流动

3.1.4.1 知识的生产和传播过程

Strambach 清晰地描绘了知识型服务企业和客户之间的知识生产和传播过程②，如图 3.1 所示。

其中 F1 ~ F4 代表不同的客户企业。该过程分为三个明显的阶

① 魏江，陶颜，王琳．知识密集型服务业的概念和分类研究［J］．中国软科学，2007（1）．

② Strambach S. Innovation Processes and the Role of Knowledge – Intensive Business Service. Koschatzky K. Kulicke M. Zenker A. Innovation Networks – Concepts and Challenges Perspective［M］. Physica, Heidelberg, 2001: 53 – 68.

段：一是知识密集型服务业对隐性知识和显性知识的获取阶段；二是知识的重新组合阶段，即将现有的隐性知识和显性知识针对客户的需求进行重组；三是将重组后的知识转移给客户。

其中，知识获取和知识转移阶段发生在“KIBS—客户”界面的交互作用过程中，知识重组阶段发生在 KIBS 企业内部：来自交互作用过程中的知识与现有的知识库结合起来，由此创造出新的知识。在将知识转移给客户企业时，还会引发新的交互作用和知识创造的可能性。

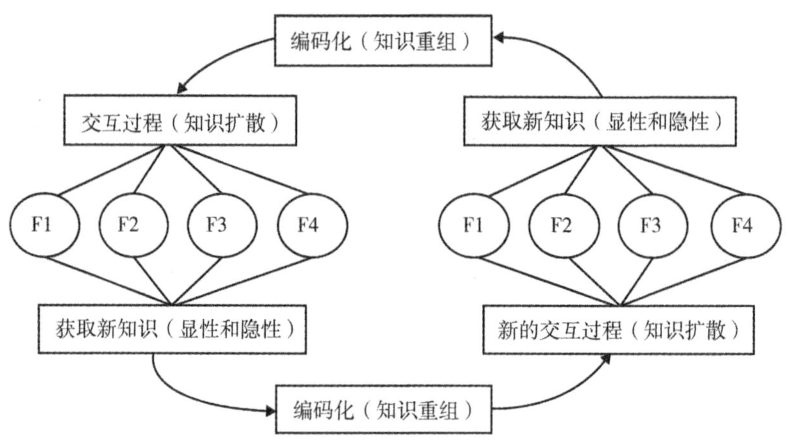

图 3.1　KIBS 与客户企业间的知识生产和传播

资料来源：Strambach S.，2001.

3.1.4.2　知识的转化模式

知识型服务企业与客户间存在着丰富的知识创造和流动。Nonaka 和 Takeuchi 认为，在知识的创造过程中，有四种明显的知识转化过程，分别是“社会化过程”（Socialisation）、“外部化过程”（Externalisation）、“组合过程”（Combination）和“内部化过程”（Internalisation），如表 3.1 所示。

表 3.1　知识转化的四种模式

		转化	
		隐性知识	显性知识
来源	隐性知识	社会化：分享经验、讨论想法和看法	外部化：将清楚的经验转化为形式化模式；将经验转化为具体的设备、软件
	显性知识	内部化：将模型和公式、规则转换为隐性技能；学习/教授如何使用设备	组合：重新表示形式化模型和数据，转化代码等

（1）社会化过程

隐性知识（tacit knowledge）转化为隐性知识。该过程是一个通过经验共享而创造隐性知识的过程，个人通过观察、模仿和实践等都会形成隐性知识。

（2）外部化过程

隐性知识转化为显性知识（explicit knowledge）。该过程是指隐性知识和经验的“显性化”，即通过对隐性知识和经验的解码，将其表达为清晰的概念和形式化的模式。“外部化”过程是知识创造过程的核心。通过这一过程，隐性知识转变为明晰知识，具体方式包括比喻、类推、概念形成、假设或模型构建等。

（3）组合过程

显性知识转化为显性知识。该过程是将某一显性化和形式化的知识系统组合起来转化为另一显性知识系统，具体方式包括将来源于不同知识系统的要素重新组合形成新的知识框架，或通过现有显性知识的分类、增加、整合、排列而重新构建形成新的显性知识。

（4）内部化过程

显性知识转化为隐性知识。该过程是将显性知识（如某种模型和公式）转化为本部门特有的隐性知识和技巧。

在“知识型服务企业—客户”交互界面中明显存在上述的知识

转化过程：

首先，知识型服务企业与客户企业间通过交互作用而分享彼此的经验，产生了大量隐性知识。

其次，通过客户企业内部专业人员与知识型服务企业间进一步的交互作用，将隐性知识转化为对企业而言的新的显性知识。

再次，不同类型的隐性知识和显性知识在知识服务企业与客户间的交互作用中被不断组合、重新定义、连接、交换、重新结构化并因此得到丰富。

最后，产生于交互作用中的显性知识又被转化为企业特有的隐性知识，如技术诀窍等。

3.2 服务主导观念

3.2.1 旧服务经济

衡量经济活动是很复杂的①。经济学家关注能使货币体系（有效）工作来确定拿什么来支付产出的机制。从 Adam Smith（亚当·斯密）开始，大多数的经济分析依赖抽象（abstractions），如所有权、生产、产品。由于 Smith 致力于理解如何在工业革命中增加一个国家的财富——由于对物理学和机械体系的不断理解使得制造业正在逐步变得系统化——他关注产品的生产②。Smith 称产生实物的

① Jim Spohrer, Stephen L. Vargo, Nathan Caswell, Paul P. Maglio. The Service System is the Basic Abstraction of Service Science [C]. Proceedings of the 41st Hawaii International Conference on System Science, 2008: 1 - 10.

② Smith, A. An Inquiry into the Nature and Causes of the Wealth of Nations [M]. W. Strahan and T, Cadell, London, U. K., 1776/1904.

劳动为“生产劳动”，不产生实物（如服务）的劳动为“非生产劳动”。为了经济学的目的，服务因此被定义为所有不是制造业和农业的经济活动。

在20世纪50年代中期至60年代，经济中不能划分为制造业的部分——通常指“服务部门”——就业数量超过制造业部门，于是经济学家和政治家寻求理解经济增长在服务部门是如何运作的。Baumol开发了一个模型试图理解生产部门（制造业）中与“渐近静态”部门（如服务部门）中生产力（productivity）增长和工资之间的关系①。随着服务部门的增长，由于经济遭受“Baumol病”，整个经济生产力增长似乎低迷。

在20世纪80年代后期，非制造业增长仍然是整个经济的拖累。但是随着ICT（information and communication technology）的不断发展，所有状况开始改变。零售服务（条形码扫描、卖场、电子商务）和金融服务（计算机、电子贸易、传真机、寻呼机、手机）的生产力在20世纪90年代急速增长②。2002年Baumol研制了一个精致的模型，表明R & D（research and development）服务是服务部门中的“女王”。R & D服务生产力增长时，“渐近静态”部门甚至也会有持续的生产力增长——甚至是急速增长——因为新的技术和机制交互因素产生了作用。

今天服务经济的显著增长体现在国家的GDP（gross domestic product）统计和制造企业标明服务收入增长的年度报告中。发达国家70% ~80%的GDP和就业在服务部门（政府、医疗、教育、零售、金融、商业和专业人员、通讯、运输、公用事业），15% ~25%在制造部门，大约5%在农业部门。印度和中国的服务部门正

---

① Baumol, W. J. Services as Leaders and the Leader of the Services [M]. in J. Gadrey and F. Gallouj, Productivity, Innovation and Knowledge in Services: New Economic & Socio – Economic Approaches, Edward Elgar, Cheltenham, U. K., 2002: 147 – 163.

② Gadrey, J. and F. Gallouj. Productivity, Innovation and Knowledge in Services: New Economic & Socio – Economic Approaches [M]. Edward Elgar Cheltenham, U. K., 2002.

在快速地增长。印度闻名于世的是其 IT（information technology）服务外包。为积极肯定服务在经济中增长的新观点，中国的 2006 ~ 2011 年五年计划中明确提出“向现代服务转变”的目标。

尽管传统经济学衡量“服务经济”有明显的增长，但是经济学家还没有给出能够被广泛接受的服务概念。对服务生产力、质量、调整适应法规遵从（regulatory compliance）以及创新的衡量仍是未解的。由此看来，用于理解服务和服务创新的抽象还没有被清晰地阐明。其中一个问题是产品与技术相关，可以做体力工作或信息工作，服务与人力劳动相关，也同样可以做体力工作或信息工作。Porat 将信息—工作经济与体力—工作经济分离开来对信息—工作经济进行测度[①]。Solow 衡量劳动力（人）、资本（技术）、创新（人的技能和技术能力的提升，组织创新和其他因素）作为经济的分离成分[②]。这些测量尝试寻找一些与经济增长相关的关键类型资源，就像 Smith 一样。但是可能是难以统一服务的定义及其测度方法导致更基本的问题：也许经济学的基本逻辑需要重新审视。

3.2.2 新型服务经济

在过去的二三十年间，（如果不是整个行业的话）企业有许多的转变措施（initiatives），从以产品为中心到以服务为中心[③]。正如这些动机通常来自对发达国家从工业经济到服务经济的普遍转变的感知。基于这种判定，典型方法用来区别产品和服务，然后调整创新、生产和市场策略以适应这些差异。尽管这些具体的原因和方法

① Porat, M. U. The Information Economy: Definition and Measurement [M]. US Department of Commerce, Office of Telecommunications, OT Special Publication, 1997, 12 (1): 77.

② Solow, R. A Contribution to the Theory of Economic Growth [J]. Quarterly Journal of Economics, February, 1956.

③ Jim Spohrer, Stephen L. Vargo, Nathan Caswell, Paul P. Maglio. The Service System is the Basic Abstraction of Service Science [C]. Proceedings of the 41st Hawaii International Conference on System Science, 2008: 1-10.

是适应需求的，但它们并没有完全抓住根本问题以及对经济活动的逻辑和企业角色理解更基本转变的需求。

产品主导观念（goods - dominant logic，G - D logic）[①] 以货物为中心——或者更可以说，“产品”，既包括输出的有形（货物）也包括无形（服务）单位——作为交换的焦点，如图 3.2 所示。G - D logic 的本质是[②]：

1）经济交换主要考虑输出（产品）的单位。

2）产品在生产（或农业，或提取）过程中就含有价值。

3）为了效率，理想的产品（a）是标准化的，（b）其产生是与顾客分离的，（c）可以在产品生命周期之外存货以应对不寻常的需求。

4）通过创造需求，产品可以在市场进行出售。

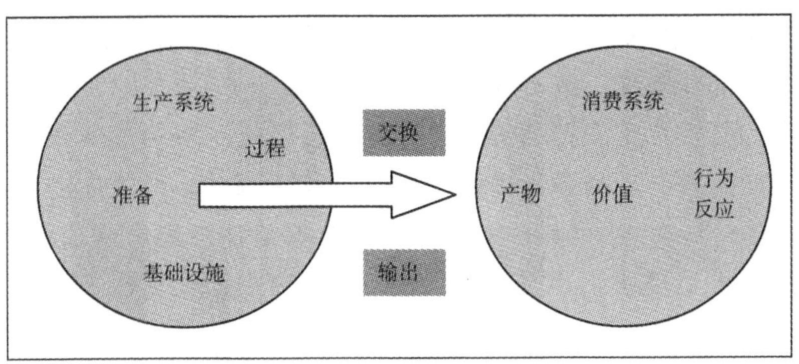

图 3.2 G - D logic 观点

资料来源：Paul Lillrank. An Event - Based Approach to Services ［J］. Presented at Frontiers in Service Conference, October 2008.

---

① Lusch, R. F. and S. L. Vargo. The Service - Dominant Logic of Marketing: Dialog, Debate and Directions ［C］. M. E. Sharpe, Armonk, NY, 2006.

② Vargo, S. L. and R. F. Lusch. Evolving to a New Dominant Logic for Marketing ［J］. Journal of Marketing, 2004 (68): 1 - 17.

简言之，企业的目的就是制造并卖出东西。有人称这种以产品为中心的观念为“新古典经济学研究传统”①、“制造观念”② 和“旧企业观念”③。

如前所述，G－D logic 根源来自经济学，追溯到 Adam Smith 的工作（1776）。尽管 Smith 常常被称为“经济学之父”，但他并没有发明经济学，发明经济学甚至都不是他的目的。Smith 是一个道德哲学家，他不仅关注对社会来说什么是正确的和好的，以及国家应该如何做才能增强国家财富，更积极关注经济活动是如何运作的。

Smith 的政治—经济观点最初来自“劳动分配”效率的基本主张，导致“交换”的必要性。Smith 认为劳动是“（给国家）提供每年消费的所有生活必需品和便利用具的基金”。因此，劳动、精神和体力技能的应用——（本质上是）服务——提供交换的基础。

然而，当确定劳动/服务对交换和财富具有重要的作用以及使用价值作为交换的主要度量——与劳动相关的利益驱使达到此目的——他部分程度上放弃了这个模型。Smith 不是考虑所有的交换或普通的交换。正如记载的那样，他试图寻求一种标准解释，究竟应该提升哪些类型的服务来增加国家财富。因此，他关注的重点从使用价值转向交换价值（nominal value，面值、市场价格），他认为交换价值更易理解，也使确定贡献于创造国家财富的活动的工作简化。

在 Smith 所在的 18 世纪的世界里，由于个人旅行受限，也没有电子通讯，创造财富的最初途径是有形产品的出口，而这些产品的来源是制造业。因此他的基础模型是以产品为中心的——可以出口的剩余有形产品。这种对有形产品的交换价值的狭隘关注可以在他

① Hunt, S. D. A General Theory of Competition: Resources, Competences, Productivity, and Economic Growth [M]. Sage Publications Thousand Oaks, CA, 2000.

② Normann, R. Reframing Business: When the Map Changes the Landscape [M]. Wiley, Chichester, U. K., 2001.

③ Zuboff, S. and J. Maxmin. The Support Economy [M]. Penguin, New York, 2002.

对“生产性的”和“非生产性的”活动的区别扩大讨论中（extended discussion）找到[①]。Smith认为，只有那些对创造剩余有形产品做出贡献的活动才是“生产性的”。其他活动，虽然对个人财富有用也很重要，却是“非生产性的”，因为它们不创造可以出口的有形产品。

后面的其他经济哲学家很不赞同Smith对生产性和非生产性的区分，认为所有对财富做出贡献的活动都是生产性的。但是，即使这样认为，他们仍默许了他的观点。Smith的生产性、非生产性划分在当时已经深深扎根于人们的思想中，随着时间的推移，“产品”（可以出口的有形货物）成为经济学关注的焦点，价值从有用性变到变形产品的植入特性（本质上是交换价值），“非生产性”变体为“服务”（无形产品），以及确定了对生产者（价值的创造者）和消费者（价值的破坏者）的明确区分。

经济活动的这种基于产品或实物的模型很方便，因为它与后面经济学家将经济哲学转变为经济科学的不断增长的需求是一致的。当时“科学”的模型是牛顿的力学原理，一个含有特性的物质模型。因此有用产品的经济模型具有本质的一致性和要求。因此可以说至少部分是因为科学尊重性的要求，以范例（paradigm）为中心的产品幸存并繁荣昌盛起来。经济学及其派生的商业学科以及对商务更普遍更科学的理解源于G－D logic并获得发展。

从G－D logic的角度讲，服务（services，复数）是一种受限类型的产品（如作为输出的无形单位）或提高产品价值的附件。G－D logic暗示形成的产品生产管理原则可以用来管理服务“生产”和“传送”，假设对它们进行调节来适应产品与服务之间的差别。正是这种逻辑常常用来将产品转向为服务。

服务主导观念（service－dominant logic，S－D logic）将“服

① Vargo, S. L. and F. W. Morgan. An Historical Reexamination of the Nature of Exchange: The Service－Dominant Perspective [J]. Journal of Macromarketing, 2005, 25 (1): 42－53.

务”（service）——为了另一方做事的过程——以它自己的权利，而不是参考把产品作为交换活动的基本焦点，如图 3.3 所示，在 S – D logic 中，产品继续发挥重要的作用，至少在服务传递的经济交换的子集中如此。

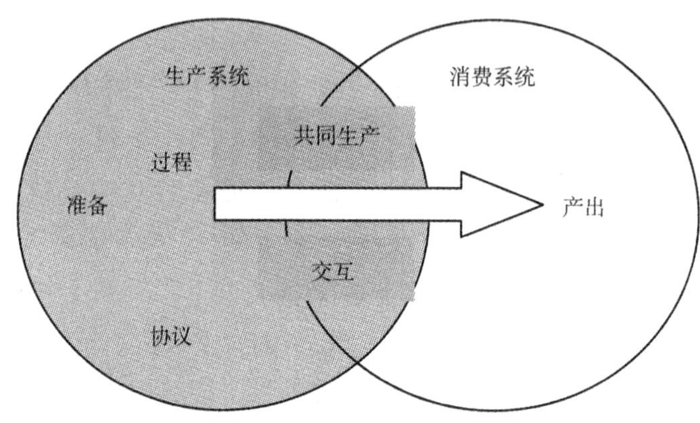

图 3.3　S – D logic 观点

资料来源：Paul Lillrank. An Event – Based Approach to Services ［J］. Presented at Frontiers in Service Conference, October 2008.

也许 G – D logic 和 S – D logic 之间最明显的区别可以在服务的概念中找到。在 S – D logic 中，服务被定义为为了另一方的利益而对能力（知识和技能）的运用①。正如在 G – D logic 中，使用“service”而不是“services”是故意的，也是很重要的。它代表着对价值的思考角度从静态资源（operand resources）——通常是那些需要某些行为使它们有价值的、有形的、静态的资源——转向动态资源（operant resources）——通常是那些能够创造价值的、无形的、动态的资源。即 G – D logic 将服务作为（稍微次于产品）输出

① Vargo, S. L. and R. F. Lusch. Service – Dominant Logic: What It Is, What It Is Not, What It Might Be ［C］. in, R. F. Lusch and S. L. Vargo (eds) The Service – Dominant Logic of Marketing: Dialog, Debate, and Directions, M. E. Sharpe, Armonk, NY, 2006: 43 – 56.

的单位，而 S－D logic 将服务看作与（为）另一方做事情的过程。因此，价值创造从企业或“生产者”转向合作的过程；在 S－D logic 中，价值总是共同创造的。

在 S－D logic 中经济交换的目的是为（以及联合）另一方提供服务以实现互利的服务——服务是为了服务而进行交换。当产品有时涉及这个过程时，它们作为服务提供的器具；它们是能力的传递者。无论是直接抑或通过产品提供服务，提供者和利益方的知识和技能（能力）代表着价值创造的本质源泉，而不是仅仅有时用来传递它们的产品。

重要的是，S－D logic 表明交换逻辑的转变，而不仅仅是根据调查的产品类型的转变。Vargo 和 Lusch 坚持的这种转变正在发生。他们指出这种“新逻辑”可以从一些多样的学科领域中找到证明，如信息技术（如面向服务的架构 service－oriented architecture）、人力资源（如组织作为学习型系统）、市场营销（如服务和关系营销、网络理论）、企业理论（如资源理论）及其实践等。

这种“新观念”在一定程度上是一种旧思想，因为它重拾了通过对知识和技能的互惠应用实现价值创造的基本思想，这种思想是由 Smith 在探讨国家财富之前确定的。从 19 世纪经济学家 Bastiat 的工作中也可以找到，“服务是为了服务而进行交换……是经济科学的开端、中端和结尾……”①

S－D logic 并不是指应该对交换的产品—中心模型进行修改以转向以服务为中心，而是表明以服务驱动为原则、面向服务的基础，是一种理解所有经济活动（如即使涉及产品）的概括思想，因此是一种从产品转向服务的更强有力的思想。

然而，S－D logic 是一种观念模式，一种视角；构建 S－D logic 理论及科学的工作仍然存在。其中第一个相关的工作是消除“生产

① Bastiat, F. Selected Essays on Political Economy [M]. Patrick S. Sterling, trans, G. B. de Huzar. (Ed.), D Van Nordstrand, Princeton, NJ, 1848/1964.

者”和“消费者”的区别。在价值共同创造、为了服务而服务以及交换的概念中，一方为价值的创造者与另一方为破坏者的观念是不一致的，如果不是不连贯的。因此，需要另一种更普遍的实体概念，我们将这些实体称为“服务系统”。

Vargo 和 Lusch 赞同在营销中发展 S－D logic 来取代已经统治过去两个世纪的 G－D logic。服务理论也许会随之而来，但是一定要先发展确定概念、世界观和基本原则的 S－D logic。最后，Lusch 和 Vargo 提出了十个基本假设（详见本书 3. 2. 4）。

3.2.3 服务主导观念与产品主导观念的比较

Stephen L. Vargo，Paul P. Maglio 和 Melissa Archpru Akaka 将 G－D logic 和 S－D logic 在价值创造方面进行比较分析①，如表 3.2 所示。

表 3.2 服务主导观念与产品主导观念在价值创造方面的比较分析

	产品主导观念	服务主导观念
价值的含义	按竞争的观点，价值是顾客对企业提供给他们的产品或服务所愿意支付的价格	价值是系统进步
价值驱动力	交换价值（value－in－exchange）	使用价值（value－in－use）或情境价值（value－in－context）
价值创造者	通常从供应链中的其他企业获得投入的公司	企业、合伙人关系网、顾客

① Stephen L. Vargo，Paul P. Maglio，Melissa Archpru Akaka. On value and Value Co－Creation：a Service Systems and Service Logic Perspective［J］. European Management Journal，2008，26（3）：148.

续表

	产品主导观念	服务主导观念
价值创造过程	价值蕴含在企业所提供的“产品”或“服务”中，并可以通过增强或增加其属性来“增加”价值	企业根据市场提出一项价值（创造），顾客在使用中继续该价值创造过程
创造价值的目的	为企业增加财富	通过其他系统提供的服务（知识和技术的应用）增强自身系统的适应性和生存能力
价值度量	名义价值额，交换价格	受益系统的适应性和生存能力
使用的资源	主要是静态资源，如实物	主要是动态资源，如知识和技术，有时需嵌入到静态资源中进行转移
企业所扮演的角色	创造并分配价值	提出并共创价值，提供服务
实物产品的作用	产出的计量单位，蕴含价值的静态资源	作为动态资源的工具，使企业的能力获益
顾客所扮演的角色	“耗尽”或“破坏”企业创造的价值	通过整合企业提供的资源以及其他个人及公共资源进行价值共创

资料来源：Stephen L. Vargo，Paul P. Maglio，Melissa Archpru Akaka. On Value and Value Co - Vreation：a Service Systems and Service Logic Perspective. European Management Journal，2008，26（3）：148. 作者补充整理。

3.2.4 服务主导观念的十大假设

S - D logic 根植于十个基本假设（Foundational Premises，FPs）（修正后的）（Vargo and Lusch，2008），如表 3.3 所示①。

① Stephen L. Vargo，Robert F. Lusch. Service - Dominant Logic：Continuing the Evolution［J］. Journal of the Academy of Marketing Science，2008，36（1）：1 - 10.

表 3.3　服务主导观念的基本假设（修正后的）

假设		评论/解释
FP1	服务是交换的基础	动态资源（知识和技能）的应用，“服务”是所有交换的基础，为了服务而进行服务交换
FP2	非直接交换掩盖了交换的基础	因为服务是通过产品、货币和机构组成的复杂组合提供的，交换的服务基础并不总是很明显
FP3	产品是提供服务的分配机制	产品（耐用和非耐用）在使用中（它们所提供的服务）获得它们的价值
FP4	动态资源是竞争优势的基本源泉	产生预期变化的比较能力推动竞争
FP5	所有的经济都是服务经济	服务（service）只是现在随着不断增加的专业化和外包而变得愈加明显
FP6	顾客永远是价值的共同创造者	暗示价值创造是相互作用的
FP7	企业无法传递价值，只能提供价值主张	企业为价值创造提供应用资源，并在价值主张接受后进行共同创造价值，但是不能单独创造和（或）传递价值
FP8	以服务为中心的观点本质是以顾客为导向并相关的	因为服务定义为是由顾客决定和共同创造的，因此它必然是顾客导向和相关的
FP9	所有的社会和经济参与者都是资源整合者	暗示价值创造的情境是网络中的网络（资源整合者）
FP10	价值永远是由利益方唯一、现象决定的	价值是异质的、经验的、情境的、充满含义的

资料来源：Vargo and Lusch，2008.

下面将简要介绍与服务科学和服务系统有关的假设①。

由前所述，S－D logic 的基本原则是 service（单数，是指一个过程；services，复数，指输出的无形单位）——为了另一个的利益而对能力的应用——是所有交换的基础（FP1）。也就是说，服

① Vargo，Akaka. Service－Dominant Logic as a Foundation for Service Science：Clarifications［J］. Service Science，2009，1（1）：32－41.

务永远为了服务而进行交换；因此所有的经济都是服务经济（FP5）。尽管 S－D logic 提议服务是所有交换的基础，它也指出直接的服务—服务交换常常被市场的复杂性而掩盖（FP2），包括服务系统之间的非直接交换，即服务系统内部及服务系统之间的价值创造过程随着中介系统的发展变得愈来愈复杂、越来越不明显（如图 3.4 所示）①。在 S－D logic 中，与市场相关的中介（如产品、货币和组织）对交换过程有重要的促进作用（FP3）。然而这些并不是交换和价值创造的最初目的或基本来源。

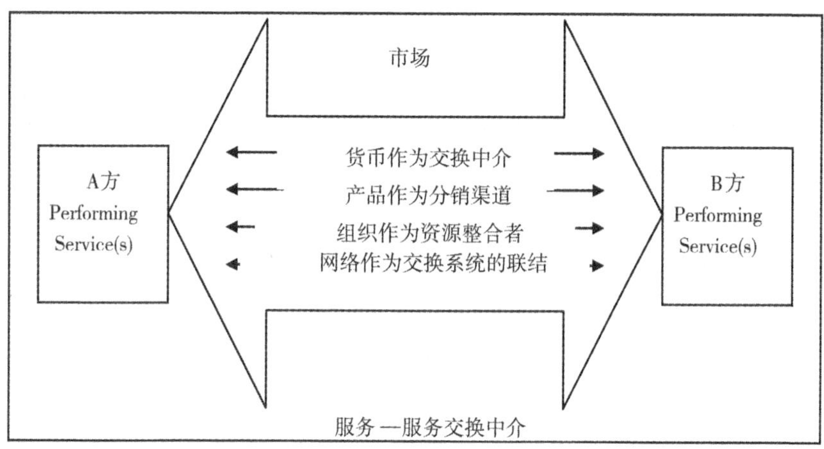

图 3.4 服务—服务交换

资料来源：Vargo et al.，2009.

相对于静态资源（那些被作用而有益的资源，如自然资源、产品、货币），S－D logic 确定了动态资源（作用于其他资源以创造利益，如能力）的首要作用（Constantin and Lusch，1995；Vargo and Lusch，2004a）。也就是说，动态资源如知识和技能是价值潜在的来源。此外，S－D logic 认为创造价值的资源并不仅仅局限于企

① Vargo，S.，R. F. Lusch. M. A. Akaka，Y. He. The Service－Dominant Logic：A Review and Assessment［J］. Review of Marketing Research，2009.

业；顾客、供应商以及其他利益方也构成动态资源，并为价值创造做出贡献。

通常，S－D logic 主张价值永远是共同创造的（与顾客及其他）（FP6），因此企业不能创造、传递价值，只能提出价值（FP7）并将服务作为其实现的输入。最终，价值现象地、情境地来自服务受益方（如顾客）（FP10），即价值产生于服务的受益方（通常是顾客）将服务提供者的资源和其他资源进行整合并应用到自己的情境中的明确的、可用的资源，包括来自其他服务系统的资源。S－D logic 的语言将这些服务系统描述为“资源整合者”（FP9）。因此，价值共创是由服务受益方（如顾客）综合了对服务提供者（如企业、其他面向市场的公共和个人资源整合者）的（整合）资源的整合和应用，但是因为价值是永远（情境地）由受益方确定的，所以总是由受益方决定（FP10）。

3.3 知识密集型服务系统

3.3.1 结构框架

S. Alter① 借鉴工作系统的相关理论研究服务系统结构，因为服务系统是工作系统，因此适用于服务系统，本书认同此种观点。

工作系统是人类参与者或机器利用信息、技术以及其他资源来为内部或外部顾客生产产品和服务的一种系统。信息系统、工程和供应链都是特殊的工作系统实例。例如，信息系统是一种所有的工作都致力于处理信息的工作系统。尽管服务系统也可以视为另一种

① S. Alter. Service System Fundamentals: Work System, Value Chain, and Life Cycle [J]. IBM Systems Journal, 2008, 47 (1): 71-85.

特殊的实例，Vargo 和 Lusch 对服务的定义暗示一般的工作系统与一般的服务系统之间没有重大的区别。

工作系统结构（如图 3.5 所示）① 最初用来帮助企业专业人员识别并理解组织中的依赖 IT 的系统。工作系统结构确定了九个要素，它们甚至是对工作系统基本理解的一部分。其中的四个要素：流程和活动、参与者、信息、技术构成了工作系统。其他五个要素有助于对情境的基本理解。例如，如果没有对顾客认为“系统生产的是什么”有一定理解，那就是对一个服务系统完全没有进行分析。工作系统框架中的双向箭头表示需要要素之间的合作。箭头也表达了通过一个要素的变化可能会影响到另一个要素的路径。需要特别说明的是，连接流程和活动与参与者、信息、技术之间的箭头表示流程和活动的一个变化可以引起以上任何一个要素的变化；反之亦然。

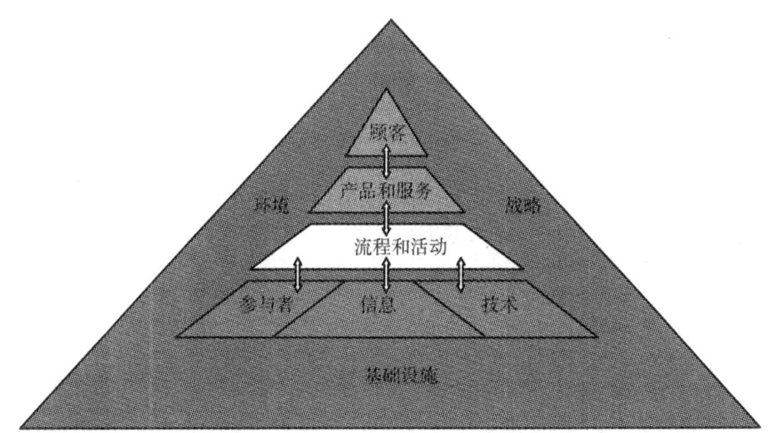

图 3.5　工作系统框架

资料来源：S. Alter，2006.

① The Work System Framework (Presented Here in a Slightly Updated form) and the Work System Life Cycle Model are Explained in Substantial Depth in S. Alter. The Work System Method: Connecting People, Processes, and IT for Business Results [M]. Work System Press, Larkspur, CA (2006).

工作系统框架的设计师强调业务而不是 IT。与思想上过分强调生产者而对顾客关心不足的分析模型不同的是，工作系统框架将顾客放在最顶层的位置，因为工作系统的初级目的就是为顾客生产产品和服务。工作系统框架并不排除顾客选用自助服务的可能性，因为顾客也可以是一名参与者。

工作系统中包含的术语反映了有时被忽略的一些区别。比如，工作系统框架使用“流程和活动”而不是常被理解为一组高度结构化的步骤的业务流程。“流程和活动”涵盖了所有可能涉及高度结构化的工作流程和那些顺序及内容“依赖于主要参与者的技能、经验和判断”的“巧妙的流程”的情况①。框架中包含“参与者”（而不是用户）是因为一个工作系统中的重要角色可能是由 IT 的非直接用户扮演的。系统中的“信息”可以包括数据库、文献、共享知识，甚至是未记录的讨论和承诺。使用“技术”而不是 IT，因为各种各样的技术可能与分析相关。即使当一个工作系统是服务系统时，也会生产“产品和服务”，因为为顾客所付出的行动可能包含所提供的服务的一部分——实物或信息——的创造和转移。“顾客”包括无论工作系统生产什么的直接受益者，以及无直接利益和并不直接参与的其他顾客。剩下的三个要素有助于对工作系统的理解。“环境”包括组织文化及其相关制度、政策和程序、竞争问题、组织历史、技术开发。“基础设施”由人、信息和工作系统使用的，但与其他工作系统共享的，工作系统外部管理和控制的技术资源组成的。企业、组织和工作系统的“战略”应该结成联盟，尽管在许多情况下可能对它们说明得并不清楚。一个明确的工作系统战略包括工作系统的内部和外部顾客的价值主张及其生产战略。

大多数的工作系统可以分为几个连续的小子系统，同样可以使用工作系统框架进行描述。分解为小的工作系统对分析那些容易分

---

① C. Hill, R. Yates, C. Jones, and S. L. Kogan. Beyond Predictable Workflows: Enhancing Productivity in Artful Business Processes [J]. IBM Systems Journal, 2006, 45 (4): 663-682.

解的工作系统是有用的。当子系统只包含一个值得分析的活动时，分解为连续的小工作系统是无意义的。

工作系统框架有多种使用方式：

- 在分析的最初阶段，可以使用一种叫工作系统快照（snapshot）的模板来确定当前或规划的服务系统的范围，概述参与者、信息和技术，为主要的和次要的顾客确定产品和服务。
- 随着分析工作的进行，工作系统框架可以通过与单个工作系统要素相关的问题和模板的使用进行指导分析。广义上讲，单个要素的应用特征以及其他特性能够支撑更深的分析。
- 在建议阶段，这九个要素可以用来具体明确到底提出了哪些变化，并全面检查（sanity－check）这个建议。比如，建议改变技术但是不改变其他任何事物通常是不完整的。
- 通过分析，工作系统框架能够帮助分析家集中关注工作的系统，而不是由做这项工作的人使用的软件或硬件。

3.3.2 服务系统演化

关于服务系统的演化，国内外许多学者对此进行了研究。IBM Almaden Research Center 的 Spohrer、Maglio、Bailey 和 Gruhl① 认为服务系统是由人、技术和信息组成的适应系统。服务系统年复一年地改进，可以视为一个学习型组织（March，1999）。服务系统可以通过提升效率（efficiency）、效力（effectiveness）和稳定性/可持续性（sustainability）而随着时间改进。服务系统是如何演化的呢？Spohrer 认为不同种类的变化，如通讯和运输成本、交易成本、提供服务的数量、人的数量、人的能力/技能、经验的时间成本/质量、创新程度、自我满足等方面的变化，影响了服务系统的进化。

① Spohrer, J., et al. Steps Toward a Science of Service Systems [J]. IEEE Computer Society, 2007 (1): 71－77.

他总结了四个方面的增长，即人、组织、技术、结构的增长，导致了服务系统演化，并提出了服务系统的四重循环学习模型①，如图3.6所示。

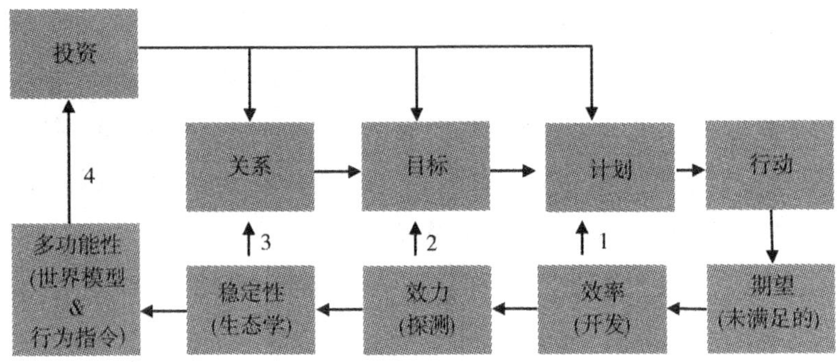

图3.6　服务系统的四重循环学习模型

由于服务系统随着时间而不断演进，因此也有学者如 Stephen L. Vargo 将服务系统看作服务生态系统，认为服务生态系统是以共同创造和交换服务的相互作用的组织为基础支持的经济团体，包括供应者、生产者、竞争者、顾客、顾客的资源网络以及其他社会、经济利益方②。

Mike P. Papazoglou 认为服务演化是通过一系列的一致、明确的变化实现的服务的持续发展过程。这些变化根据不同的划分原则具有不同的分类。根据本质，这些变化可以划分为：结构变化（识别标志、界面）、交易协议变化（服务的外部信息行为）、政策引起的改变（政策声明、商业规则、管理规范的改变）、运作行为变化（改变服务运转的含义和行为带来的影响——操作语义）。根据效果

① Jim Spohrer. Service Science, Management, and Engineering (SSME): A Next Frontier in Education, Employment, Innovation, and Economic Growth [R]. IBM Research Report, December, 2006.

② Stephen L. Vargo. Alternative Logics for Service Science and Service Systems [R]. Research Report. March, 2009.

或者影响，这些变化可以分为：浅层变化和深度变化。浅层变化是指施加于一项服务或受限于其客户的小规模的增长的改变，如结构水平和交易协议的改变。深度变化是指大规模的转换变化超过了这项服务的客户直至整个价值链（终端对终端的过程）——受影响的服务的顾客如外包商或供应商，诸如操作行为、政策和规范（regulatory compliance）所引起的变化①。

服务价值链构架都描绘了一种静态的观点，即服务在一个特定的时刻是如何运行的。S. Alter 提出了一种描述服务系统是如何随着时间变化的动态观点，即服务系统生命周期模型②，如图 3.7 所示。该模型是一种基于假设的反复模型，假设服务系统通过计划和非计划的改变的结合而进行演化。计划的改变发生在正式项目的开始、发展和实施阶段；非计划的改变是那些无须执行正式的项目而对服务系统方面进行改变的正在进行的适应改变和实验。

服务系统生命周期模型开始于“运转和维护”阶段，除了在第一次创造之时，现有的工作系统都是通过小的修理和适应进行运作和维持。当管理决定需要一项重大的工作系统改进时，“开始”阶段确定项目的范围、目标和资源。“开发和实施”阶段在服务系统生命周期模型中具有以商业为中心的含义。开发包括组织中实施计划改变所需要的资源的获取、配置和创造。这些资源包括调试软件、安装硬件、文件、程序说明和培训材料。与计算机科学中“实施”（如执行一个算法）的定义不同，服务系统生命周期模型中的“实施”是指使期望的服务系统改变在组织中运作的过程。这远远不只是指使新软件获得最初使用。大多数 IT 团体在执行其他功能部门的工作系统改变时缺乏威信和权力。对服务系统生命周期模型

① Mike P. Papazoglou. The chanllenges of service evolution [C]. Keynote: 20th International Conference on Advanced Information Systems Engineering. Montpellier, 2008 (6).

② S. Alter. Service system fundamentals: work system, value chain, and life cycle [J]. IBM Systems Journal, 2008, 47 (1): 71-85.

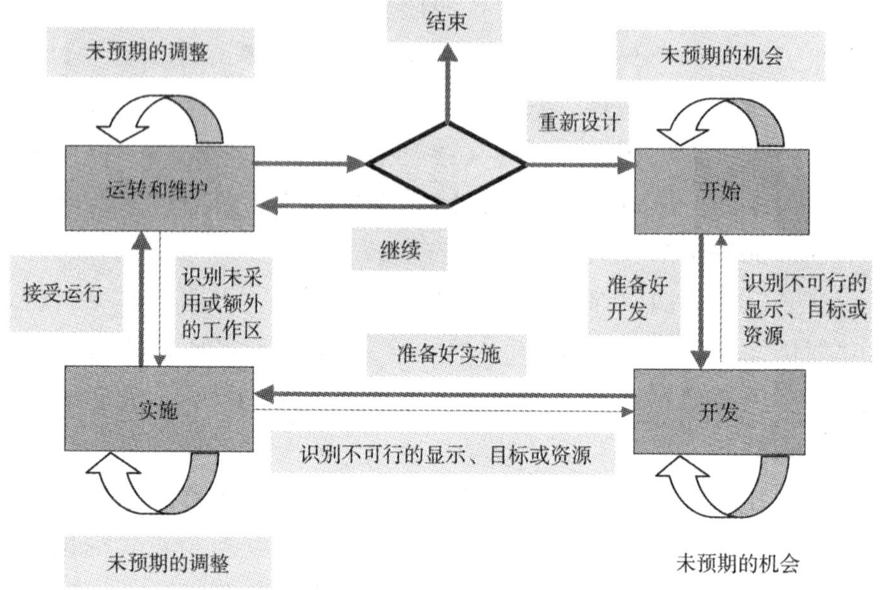

图 3.7　服务系统生命周期模型

资料来源：S. Alter, 2006.

更详细的解释①揭露了大量的普通问题和指导方针，如为什么主管一个正在创造或提升的服务系统的执行人员应该在实施中发挥积极的作用，而不论项目是否共同领导。

服务系统生命周期模型与常常被引用的系统发展生命周期（System Development Life Cycle，SDLC）具有本质的区别。首先，SDLC 基本上是一个工程模型，而不是一个系统生命周期（即使反复发展模型基本上考虑项目的重复）。其次，SDLC 中的系统本质上是一个正在规划的技术制造人工品。与之不同的是，服务系统生命周期模型中的系统是一个随着时间通过多种反复过程而进化的工作系统。被定义的项目与（因小的改编、试验带来的）增加的变化的

① The Work System Framework (Presented Here in a Slightly Updated Form) and the Work System Life Cycle Model are Explained in Substantial Depth in S. Alter. The Work System Method: Connecting People, Processes, and IT for Business Results [M]. Work System Press, Larkspur, CA (2006).

结合产生了这种进化。与 SDLC 以控制为主不同，服务系统生命周期模型将未计划的改变作为服务系统自然演化的一部分。

3.4 服务价值理论

3.4.1 服务系统中价值及价值共创的含义

Jim Spohrer① 等人认为，在系统中，价值是由系统或其适应环境的能力决定的进步。

S. Alter② 认为价值获取就是顾客从服务提供者或自动服务中获得利益的过程。

由前面的内容得知，服务系统是由人、技术和组织组成的价值共创动态网络，服务系统中的价值共创强调价值不仅是由服务提供者创造的，而是与顾客共同创造的，价值不再是仅仅作为产出交付给消费者的过程，而是进行资源整合的动态过程。

3.4.2 服务系统中的价值共创观点

Basole 和 Rouse③ 认为服务经济中的价值是由最终消费者驱动和决定的，并在由价值参与者之间的直接和间接关系构成的复杂网络中进行传送；服务价值网络的复杂性不仅取决于参与者的数量，

① Jim Spohrer, Stephen L. Vargo, Nathan Caswell, Paul P. Maglio. The Service System is the Basic Abstraction of Service Science [C]. Proceedings of the 41st Hawaii International Conference on System Science, 2008: 7.

② S. Alter. Service System Fundamentals: Work System, Value Chain, and Life Cycle [J]. IBM Systems Journal, 2008, 47 (1): 77.

③ R. C. Basole, W. B. Rouse. Complexity of Service Value Networks: Conceptualization and Empirical Investigation [J]. IBM Systems Journal, 2008, 47 (1): 53.

也取决于这些参与者涉及传送服务至客户的过程的条件概率（conditional probabilities）；通过提供更高水平的价值网络整合、信息可视及应对、预测变化的方法，ICT 为消费者在服务价值网络中提供方面发挥了重要的作用。

Stephen L. Vargo、Paul P. Maglio 和 Melissa Archpru Akaka①认为价值共创过程是由使用价值驱动的，但是由交换价值调节和监控的；服务科学的发展意味着对价值和价值创造的概念化；随着服务科学的发展，越来越多的研究表明生产者—消费者的区分是不恰当的，价值是由所有参与交换的服务系统的积极参与共同创造的；价值共创过程驱动市场创新和进化；所有系统一起工作以提高或增强另一个系统的能力的方式——无论是否测度或评价——都可视为在进行价值创造；知识是所有交换的核心资源。

Per Andersson、Christopher Rosenqvist 和 Omid Ashrafi②一起发表的文章表明：Normann 和 Ramirez 于 1998 年提出价值共创的思想，认为供应商和消费者之间的互动是价值创造的基本部分；Gumesson（2000）认为不仅仅是供应商和消费者，更多的参与者如更大的价值群（value constellations）参与这种价值创造过程；Payne，Holt（2001）认为价值随着时间不断进行创造，会受到变化以及外部影响（如其他参与者）的影响，这种观点以动态的视角来审视价值、价值创造以及构成这种创造基础的交互作用。

March（1999）认为，服务系统年复一年地改进，可视为一个学习型组织③。

---

① Stephen L. Vargo, Paul P. Maglio, Melissa Archpru Akaka. On Value and Value Co - creation: A Service Systems and Service Logic Perspective [J]. European Management Journal, 2008, 26 (3): 145 - 152.

② Per Andersson, Christopher Rosenqvist, Omid Ashrafi. Mobile Innovations in Healthcare: Customer Involvement and the Co - creation of Value [J]. Int. J. Mobile Communications, 2007, 5 (4): 371 - 388.

③ Spohrer , J. , et al . Steps Toward a Science of Service Systems [J]. IEEE Computer Society , 2007 (1): 15.

3.4.3 马克思主义价值论

科技、知识、信息等脑力劳动要素、劳动产品及脑力劳动本身创造价值的问题。随着生产力的发展和科技进步，科学技术日益成为创造和增进财富的决定性力量。知识经济时代，知识和信息作为一种巨大的无形资源，在人类的生产活动中起着越来越重要的作用。同样，科技、知识、信息作为社会的生产条件与资本、土地、机器设备等“硬件”相比，是社会生产条件的“软件”，它们决定了商品生产者脑力耗费的强度，也是衡量和比较正常社会生产条件的重要因素之一。同样，它是社会生产条件本身，而不是在这种生产状况下的社会生产关系。

关于服务价值，早在 19 世纪马克思就已关注并在《资本论》中进行了论述。马克思对服务劳动的性质和作用、服务产品的使用价值和价值等问题，即服务劳动是不是生产劳动、创不创造价值的问题，做了较具体的研究和论述，形成比较系统的服务价值思想。他在《资本论》中所指的物质生产部门——生产生产资料的部门和生产生活资料的部门，在当代社会总劳动中所占的比重日益下降。与之相反，为生产和生活服务的众多非物质生产部门，在国民经济中所占的比重日益提高，已成为带动整个经济增长的主要动力，服务业和服务劳动的发展程度也是经济现代化程度的重要衡量标准。这无疑给经济理论提出了新的研究课题。服务业的劳动以及制造业等行业中的服务是不是生产劳动、创不创造价值？这个问题一直有人关注。

目前国内学术界对于服务价值大致有两种认识倾向：一种以马克思关于生产劳动的一般规定为基础，坚持直接从事物质生产的劳动才是生产劳动，因而服务业的劳动不是生产劳动，也不创造价值；另一种是把服务劳动的内涵加以扩大，并以马克思关于生产劳动是能为资本带来利润的劳动的定义为尺度，认为服务业的劳动能带来利润，因而是生产劳动并能创造价值。

探讨服务劳动创造价值的问题，界定服务劳动的“生产性”标准，只能从商品生产或价值形成的角度出发，以服务自身内在的特点为依据。这是因为，价值是商品的特有属性，只有生产商品的劳动，才是生产劳动，才创造价值。因此，谢汪送[①]认为，凡是符合以下两条标准的服务劳动都具备生产性：①能够提供满足社会需要的使用价值，而不论这种使用价值是以物质商品的形态存在，还是以服务的形态存在。②能够通过交换实现其价值。生产性服务劳动的价值必须通过出售来体现，而不管这种出售是通过纯粹的“服务收费”来实现，还是通过“商品加价”来实现，只要符合这两条标准，就是“生产性”服务劳动。

马克思大量地论述过两种使用价值形态，一种是实物形式或物质形式，另一种是服务形式或运动形式。实物形式的使用价值是劳动的有用性对象化在物质产品中的使用价值，其特点是使用价值“物化、固定在某个物中”，服务形式的使用价值是劳动本身作为活动而有用的使用价值。马克思说：“服务只是劳动的特殊使用价值的表现，因为服务不是作为物而有用，而是作为活动而有用。”其特点是，“产品同生产行为不能分离”，它“随着劳动能力本身活动的停止而消失”，“不留下任何可以捉摸的、同提供这些服务的人分开存在的结果”[②]。

实物形态的使用价值“包括一切以物的形式存在的物质财富和精神财富，既包括肉，也包括书籍”。服务形态的使用价值“包括一切满足个人某种想象的或实际的需要的劳动，甚至违背个人意志而强加给个人的劳动”。[③] 在非物质生产领域中，满足精神需要的使

---

① 谢汪送．服务劳动创造价值辨析［J］．现代经济探讨，2009（7）：11－15.

② 马克思，恩格斯．马克思恩格斯全集（第49卷）［M］．人民出版社，1982.

③ 马克思，恩格斯．马克思恩格斯全集（第26卷 Ⅰ）［M］．人民出版社，1972.

用价值也可以表现为实物形态，“一切艺术和科学的产品，书籍、绘画、雕塑等等，只要它们表现为物，就都包括在这些物质产品中。”[①] 相反，马克思称之为第四个物质生产领域的运输业，出售的是位置变化，这是和运输过程即运输业的生产过程不可分离地结合在一起的，其使用价值是运动形式的。

马克思说：“对于价值说来，它由什么样的使用价值来承担都是一样的，但是它必须由一种使用价值来承担。”[②] 并说：“服务这个名词，一般地说，不过是指这种劳动所提供的特殊使用价值，就像其他一切商品也提供自己的特殊使用价值一样；但是，这种劳动的特殊使用价值在这里取得了‘服务’这个特殊名词，是因为劳动不是作为物，而是作为活动提供服务的，可是这一点并不使它例如同某种机器（钟表）有什么区别。”[③]

马克思曾经论述过运输、保管、储藏以及服务等非物化形式的劳动，也创造价值。他认为运输“这种效用的交换价值，和任何其他商品的交换价值一样，都是由其中消耗的生产要素（劳动力和生产资料）的价值加上运输工人的剩余劳动所创造的剩余价值所决定的”，“从而它本身就处在运输中的商品的一个生产阶段，那么，它的价值就作为追加价值转移到商品本身中去”。[④]“虽然在这里，实在劳动在使用价值上没有留下一点痕迹，可是这个劳动已经实现在这个物质产品的交换价值中。”[⑤]

根据马克思劳动价值论基本思想，谢汪送认为创造价值的劳动是生产满足社会需要的使用价值并通过交换实现其价值的劳动。这种劳动既可以物化在物质形态的使用价值中，也可以凝结在活动形态的使用价值中。由此可以得出结论，服务劳动只要是生产满足社会需要的使用价值并通过交换实现其价值的，就创造价值，其劳动

①③⑤ 马克思，恩格斯．马克思恩格斯全集（第26卷 Ⅰ）［M］．人民出版社，1972.

② 马克思，恩格斯．马克思恩格斯全集（第23卷）［M］．人民出版社，1972.

④ 马克思，恩格斯．马克思恩格斯全集（第24卷）［M］．人民出版社，1972.

就是创造价值的“生产性”劳动。

对服务业的各种劳动是否为生产性劳动，是否创造价值，不能笼统地予以肯定或否定，而必须作出具体的科学分析。判断服务业各种劳动是否创造价值，就是看其劳动是否提供用来交换并符合社会需要的使用价值。在马克思的大量论述中，除了科技是生产力，是直接生产过程的要素外，他将服务业的各种劳动按照与社会使用价值生产和价值是否通过交换来实现的关系分为五类，并作出了具体的科学分析。

然而，因为公共部门提供的服务产品属于非营利性的“公共产品”，这类服务产品不是通过市场交换，而是免费提供给公众的，因而，这种服务不具有商品的属性，生产这种服务产品所耗费的劳动不具有生产性，也不创造价值。

3.5 本章小结

本章首先介绍了知识密集型服务的基本知识并对其概念和分类等进行了界定；其次介绍了新型服务经济 S－D logic、知识密集型服务系统的结构框架和服务系统演化；最后对服务价值理论进行了阐述，为后续研究奠定了坚实的理论基础。

4 知识密集型服务系统的服务价值共创实现基础——价值网络

4.1 理论基础

4.1.1 对网络的研究及应用

对网络和网络现象的研究早已不是什么新鲜事，在许多科学领域它都是研究的兴趣所在①。在自然科学中，生物学家通过检验基因与蛋白质之间的交互网络来研究有机体的行为、模拟疾病或探测食物网。神经学家运用网络方法来探究大脑的工作方式。工程师和计算机科学家研究信息和技术网络，如电力网、无线通讯网和互联网。社会科学对网络也有所研究。社会学家通过检验人与人之间的连接来理解人类社会的机能。经济学家研究创新是如何通过个人和组织网络进行散播的。

在管理和营销领域的著作里，对网络的研究也越来越成为关注的主题。它曾被用来探寻商业和工业网络的经济行为和连接性，还被用来研究资源配置、合作优势、联盟的角色和重要性、合资、合

① R. C. Basole, W. B. Rouse. Complexity of Service Value Networks: Conceptualization and Empirical Investigation [J]. IBM Systems Journal, 2008, 47 (1): 53 -70.

作战略的概念以及客户关系管理（Customer Relationship Management，CRM）理论。组织存在于网络中的观念是基于这样的假设：企业不仅仅运行于两元（dyadic）的关系中，还深深嵌入到由众多组织间的交互关系构成的复杂经济体系。这种观点取代了由 Porter 引入的传统价值链观点，该观点假想一个线性价值流，而且两元关系中的资源流从原材料提供者流向生产者到供应商、到顾客。有人批评 Porter 的方法并不能充分描述出 B2B（business – to – business）、B2C（business – to – consumer）以及当今商业环境中涌现的 C2C（consumer – to – consumer）关系潜在的无数多向性本质和复杂性。事实上，如今的产品和服务是通过复杂的过程、交换和关系来进行设计、创造、传送及提供给顾客的。有人认为价值链已经进化为价值格，更常常被称为价值网络，是一个各种参与者或行动者——都将价值传送给直接顾客或最终顾客——之间的直接和非直接关系的复杂网络。

4.1.2 战略网络

战略网络①是“对参与的企业具有战略性重要意义的稳定的组织间的联系，它们可以通过战略联盟、合资、长期的买方—供方合作关系以及其他联系方式（Gulati、Nohria and Zaheer，2000）。战略网络理论家寻求解决的主要问题是：①企业的战略网络因何以及如何形成的？②能使企业在市场上具有竞争优势的企业间的关系是什么？③在网络中价值是如何创造的（比如通过企业间的资产联合专业化 asset co – specialization）？④企业在网路中的差分位置（differential positions）和关系是如何影响企业行为（performance）的？

一般具有社会学或组织理论背景的网络理论家关注网络结构对

① Raphael Amit, Christoph Zott. Value Creation in E – Business［J］. Strategic Management Journal, 2001（22）：493 – 520.

价值创造的影响。例如，网络的密度和向心性的构造（Freeman，1979），被认为是网络优势（如可连接性、节点、转介好处）的一个重要决定因素（Burt，1992）。另外，据推测，网络的大小和网络联系的异质性对网络中参与者获得有价值的信息具有积极的作用（Granovetter，1973）。

在企业的网络中，市场和等级管理机制共存大大扩展了对价值创造的可能的组织安排范围（Dozanf Hamel，1998；Gulati，1998）。因此战略管理和企业家学者超越结构论点，探究管理机制如信任（如 Lorenzoni and Lipparini，1999）以及资源和能力（如 Gulati，1999），尤其是供应商和顾客的资源和能力（Afuah，2000）对价值创造的重要性。例如，Baum、Calabrese 和 Silverman（2000）在对加拿大生物技术（biotechnology）行业的研究中发现，生物技术创业公司（biotech start – ups）能够通过在网络中配置联盟以使它们获得开发联盟伙伴的能力和信息来提高它们的绩效。除了可以获得信息、市场和技术（Gulati et al.，2000），战略网络也提供了以下方面的潜力：风险共享、产生规模和范围经济（Katz and Shapiro，1985；Shapiro and Varian，1999）、知识共享、促进学习（Anand and Khanna，2000；Dyer and Nobeoka，2000；Dyer and Singh，1998）和收获来自相互依赖的活动如工作流系统产生的利益（Blankenburg Holm、Eriksson and Johanson，1999）。战略网络中价值的其他来源包括缩短市场时间（Kogut，2000）、提高交易效率、减少信息的不对称、改善联盟中企业间的协调性（Gulati et al.，2000）。

网络对于理解电子商务中的财富创造是明显相关的，因为在实际市场里由企业、供应商、顾客以及其他合作伙伴组成的网络的重要性（Shapiro and Varian，1999；Prahalad and Ramaswamy，2000）。然而，它并没有完全捕捉到电子商务能使交易以新的独特的方式实现的价值创造潜力。例如，战略网络理论和网络分析提供的正式工具（如网络密度、向心性、外在性的概念）只是部分地解释了公司

（如 Priceline. com）的价值创造潜力。这家企业已与航空公司、信用卡公司、Worldspan Central 预定系统等建立了稳定的组织间联系，交易机制创新理念从根本上深入其心，即相反市场的引入——顾客提出预期定价以使卖方接受——比如通过机票在网上销售等方式。Priceline. com 甚至因为它们的创新交易方式而获得了一项企业方法专利，这种方法使企业区别于普通的网上旅行中介，帮助企业获得更多有名的网络价值来源。正如此例说明的，实际市场及其空前的延伸、连接、廉价信息处理能力，通过以创新的方式构建交易结构为价值创造提供了全新的可能性。网络理论并未完全捕获这些新的交易结构。

4.1.3 价值网络

价值网络方法假设组织是由创造（如共创）价值的组织组成的一个更大网络的一部分。一些研究人员甚至认为价值网代表扩展的企业。因此价值网方法通过整体而不是片段的方式看待组织的活动。结果，网络观将关注的焦点从企业的资源观转向一种认为资源依赖检查、交易费、参与者—网络的重要观点。

Brandenburger 和 Nalebuff 确定了一个价值网络中的几种类型的参与者，是那些影响企业生产并传送价值给直接或最终顾客或终端消费者的能力的参与者：供应商、其他顾客、竞争者以及互补企业（complementor）（互补企业：企业 A 是企业 B 的一个互补企业，在与 B 的产品结合使用时如果顾客更看重 A 的产品）。除了这些类型的参与者，研究还强调价值网络是由政府机构、研究和开发机构、教育机构以及行业协会塑造并受其影响的。

使用价值网络方法，不但必须明白谁是参与者，还要知道涉及的关系的类型和范围。价值网络中任何参与者都可能构成关系。

我们用一些特征和属性来描述网络。网络的大小是指一个网络

中参与者的数量。网络连接性和密度是常用来表示连接参与者的网络中连接的相对数量的指标，它是这样计算的：存在于一个网络中的关系的数量与每个网络参与者与其他每一个参与者可能连接的总和的比率。因此密集网络暗示与价值网络企业有更高层次的连接。网络的另一个重要的特征是网络中企业的地位。借用资源依赖理论中的论点，组织越依赖于焦点企业，焦点企业越具有控制力。因此网络中的地位常常决定了对其他网络参与者的影响程度。

4.2 服务价值网络概念模型

对于产品和服务之间的区别，一直以来都有文献论述。服务区别于产品是基于四个特征：无形性、异质性、不可分离性和易逝性。然而，随着服务研究的演进，目前提供的许多方案都是将产品和服务捆绑在一起的，产品与服务之间的区别越来越模糊。基于Levitt的观点“everything is a service”，Basole和Rouse进一步指出检验服务和服务价值不应该跟产品进行区分，相反地，应该把产品本身仅仅看作是“传递服务的工具”。基于这种推理以及上述文献，他们将服务生态系统模拟为包含产品和服务的价值网络。

以全面、易读的方式对复杂社会经济体系——如服务价值网络——进行可视，是一项令人畏惧的工作。其中，可视和描述网络的一种普通的方法是运用节点—弧（arc）表示法。在这种方法里，节点代表参与者（如人或公司），弧表示网络中参与者之间的关系或连接。这种方法是一种描述社会经济网络的结构和动态的特别有效的方法，Basole和Rouse采用该方法来形象化服务价值网络。

一般来讲，一个服务价值网络包括五种类型的参与者：消费者、服务提供者、第一推动者、第二推动者、辅助推动者，如图

4.1 所示①。Basole 和 Rouse 进一步指出服务价值网络中的价值是通过由 B2B、B2C、C2C 关系组成的复杂组合创造出来的，并受其所在的社会、技术、经济和政治环境的影响。

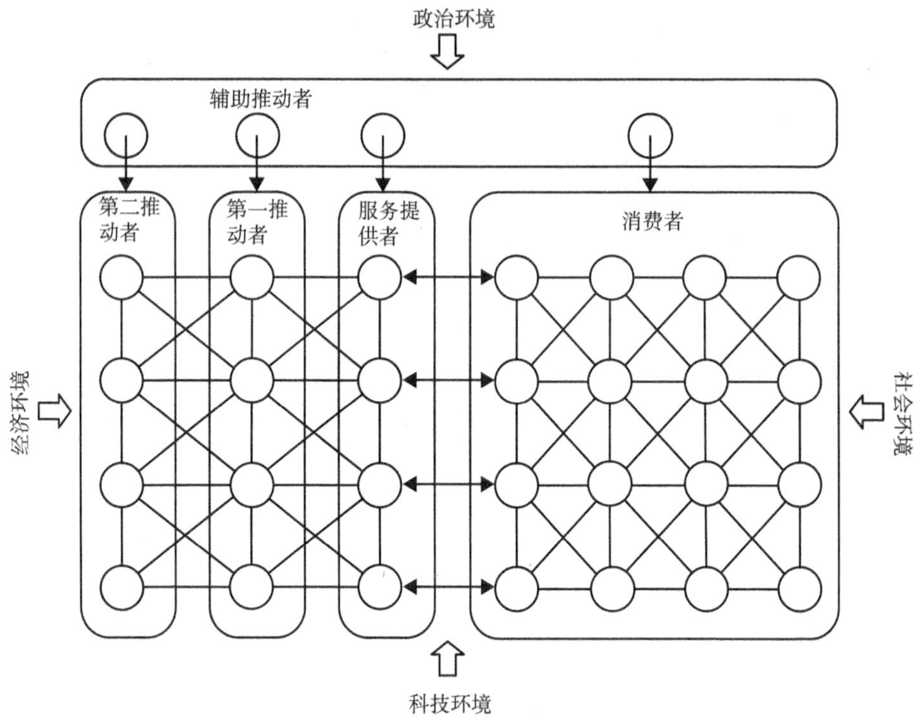

图 4.1 服务价值网络的概念模型

资料来源：R. C. Basole，W. B. Rouse. 2008.

（1）消费者（consumers）

对于价值网络的概念来说，比较含蓄的主张是所有的活动都是从“实现”或“消费”价值的那一点开始的。正如 Basole 和 Rouse 后来详细阐述的，在一个服务价值网络中，这一点通常被认为是最

① R. C. Basole，W. B. Rouse. Complexity of Service Value Networks：Conceptualization and Empirical Investigation [J]. IBM Systems Journal，2008，47（1）：56.

终消费者。消费者购买消费品，使用电信服务，驾驶汽车，坐飞机，看医生。价值网络中的其他参与者促成（enable）这些服务。因此消费者触发服务价值网络中的一切活动。

过去，制造商和服务提供者能够规定引入市场的产品和服务以及它们的特征和功能的范围。今天，消费者扮演了更重要的角色：他们要求产品和服务定制、更快的速度以及更高层次的服务质量，一切有选择地来自一个提供者，并且是以无缝方式实现的。在许多实例中，只有服务提供者满足或超过了消费者的价值喜好和标准，消费者才会采用并继续使用产品和服务。结果，服务提供者只有在消费者非常满意、高兴的情况下才会有所回报。这支撑了 Peter Drucker 的基本观点“任何企业的目的都是为了创造一个顾客”。

（2）服务提供者（service providers）

为了使最终消费者体验、使用、消费他们所期望的价值，含有这种价值的一个（或一套）服务必须由价值网络中的一个或更多参与者提供。对一个消费者来讲，其最初切入点就是服务提供者。服务提供者提供诸如通讯服务、航线服务、卫生保健服务、银行服务。服务提供者也是服务价值网络中的中心参与者。

在一些行业中，服务提供者只不过是多种产品和服务的聚合体（aggregator），并以打包和整合的方式提供给消费者。在其他情况下，他们是其他服务提供者的推动者。服务提供者必须保证他们所提供的产品和服务能使消费者高兴、满意。为了实现此目的，在许多情况下，服务提供者因此必须理解并管理 B2B 、B2C 关系，预期消费者需求，并满足环境变化和消费者需求。

（3）推动者（enablers）

为了提供服务给消费者，一个服务提供者依赖众多的推动者进行创造、设计、开始、配置服务。一般来说，推动者可以区分为第一推动者、第二推动者和辅助推动者。第一推动者提供直接产品和服务给服务提供者，他们可以是生产者、制造商或者其他的服务提供者。第二推动者向第一推动者提供产品和服务，如原材料供应商、组成部分制造商。辅助推动者对整个生态系统具有必不可少的作用，并不具体属于某一个行业。他们往往对价值网络中的一些或所有参与者产生影响，如政府机构、金融机构（如银行）、基本设施提供者（如公用事业、工具、运输）。

（4）环境影响

当然，服务生态系统的所有参与者活动于社会、文化、经济和政治环境中。这种观点根植于由 Granovetter 的子文章提出的“嵌入”思想。Granovetter 声明不能与其他机构隔离或与组织所存在的技术、政治和社会环境隔离来研究经济活动。

1929 年的经济萧条、1974 年的石油禁运以及 2001 年的恐怖分子袭击，对经济的各个部分产生巨大的影响。第二次世界大战将美国变为世界强国。更微观的变化是，人们的社会和文化标准及期望随着时间改变，催生了新型商业和商业方法。毫无疑问，这种连通性使得服务期望的范围和层次即刻受到直接影响，这种影响并不断持续。工作的本质发生改变，24 – 7（一天 24 小时、一个星期七天）成为许多种工作的标准。所有这些都说明了环境影响对经济活动有巨大的冲击，因此在对服务价值网络的结构和动态进行概念化时必须予以考虑。

4.3 价值网络中的价值

这种转向服务生态系统的网络方法改变了价值创造的概念。早期研究关注关系水平（relational level）创造出来的价值，现在对于消费者来说，价值是在网络层级中被创造出来的，网络中的每一个参与者都对整个网络贡献了增加价值。这种价值创造观点强调关注核心能力和补充能力。参与者不是自己提供最大价值给消费者，也

不是冒着最后不盈利的风险，而是通过集中他们的核心能力以及通过各种各样的价值群（constellation）与其他网络参与者（如供应商、合作伙伴、盟友、顾客）合作，从而为价值创造过程作出贡献。因此产品和服务传送是由多种参与者促成的一个复杂价值创造过程。

另外，研究表明消费者不仅是价值接受者，还是价值的共同生产者，或者说是“prosumers”。Basole 和 Rouse 将这种观点更推进了一步，认为消费者不仅对价值创造过程作出贡献，而且事实上推动、决定着价值网络中的所有活动。确实如此，如果没有消费者，就没有产品或服务消费，参与者和价值网络活动的存在和必要性就会不相关。当然，在许多案例里产品和服务是被“推”向市场的，但是即使是在这种情况下，也必须有人消费它们。因此，消费者对产品和服务进行评估很重要，反过来，价值网络参与者必须提供这个价值给消费者。

那么消费者评估什么呢？相关文献表明顾客并不在乎产品或服务本身，而是评估他们在消费时所得到的益处，诸如运输、娱乐、通讯、消费品（consumables）、卫生保健。这意味着顾客价值因此形成于使用一个产品或服务的结果。消费者希望这些产品和服务是沿着最小公分母（least common denominator）进行传送的，也就是跟许多其他因素相比，尽可能地节省成本、尽可能地方便，并具有一定层次的质量。

产品和服务的几个特征和属性说明了这个最小公分母。宽泛地讲，它们可以分为有形属性和无形属性。有形属性包括价格、质量、设计功能、选择、定制、种类。无形属性包括方便、风格、信任、安全、功效和易用。需要说明的是，质量既可以有形，也可以无形，它取决于消费者想要的是质量的哪一方面，如缺陷与美。

当然也有例外，价值与拥有对产品或服务交易的权利不是同一个意思。在极大程度上，产品和服务是推动者而不是目标（ends in themselves）。

消费者对产品和服务的偏好和价值感知更依赖于它们被使用和消费的社会环境，即社会价值体系和社会网络。举例来说，消费者更倾向于使用一项通过口口相传的服务，或者如果一大群人已经正在使用的服务。结果是，C2C 交互在价值选择中发挥了至关重要的作用。

价值网络中的参与者必须传送价值。与传统的价值链相似，正如消费者感知的那样，价值从第二推动者开始增加直到消费者。当推动者通过价值网络转换时，他们增加增长的价值至产品和服务中（如增加成分、软件、功能和样式）。当消费者最终接收并消费服务时，它达到了价值最高点，如图 4. 2 所示。

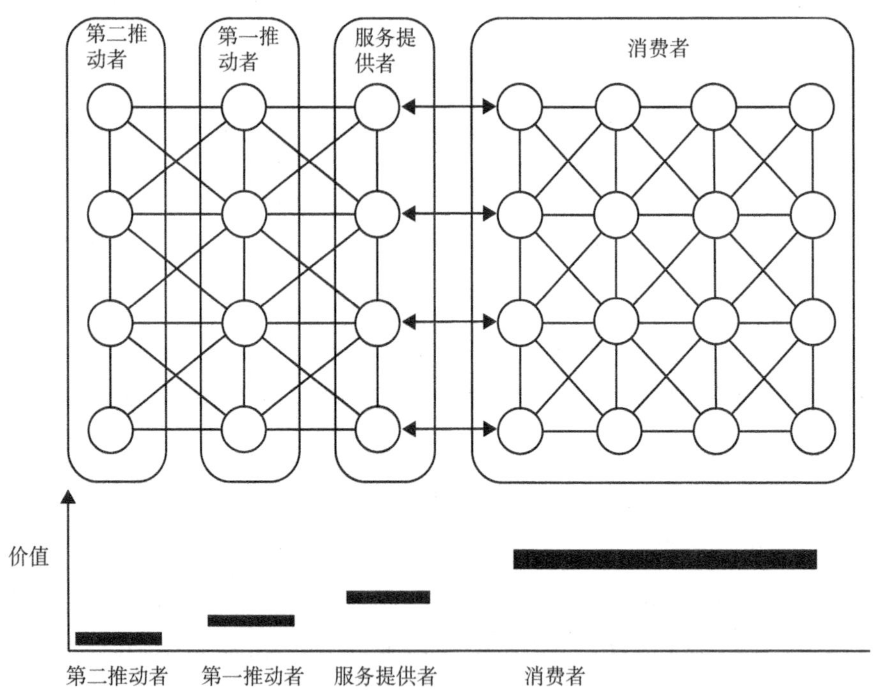

图 4. 2　价值的本质

资料来源：R. C. Basole，W. B. Rouse. 2008.

一个简单的例子表达了这种观点：创新合成原料能促成一架高效燃料飞机，但是飞机投资成功取决于乘客是否愿意坐飞机。因此市场决定了哪种发明是创新，反过来哪种创新为消费者提供持续的价值。

今天 B2B 服务代表着服务经济的主要部分。在支持其他企业的产品和服务中，这些 B2B 服务提供者促成了 B2C 价值。将它放入到网络环境中，企业可能是其他企业的顾客，本质上它们是多个节点中的一个，这些节点最终将价值传送给消费者。实例范围从设施管理服务到顾客服务呼叫中心，再到为行政团队进行战略咨询。B2B 提供者有大量的推动下游的 B2C 价值创造的方式，通过的服务努力的方式包括从业务流程改进到企业改革。事实上，任何事都可以外包。因此，一个公司的唯一财产就是它与顾客的关系。在这种情况下，它拥有 B2C 商业并雇用 B2B 服务来做其他任何事。

上述讨论导出了 Basole 和 Rouse 提出的第一个服务价值网络基本主张，B2C 服务价值的本质和范围决定了 B2B 服务价值、产品的价值以及其他的价值推动者的价值。

4.4 价值网络的复杂性

通过将价值网络描述为正式的网络模型，可以比较不同的价值网络，进行定量比较。当然，可以数节点和弧作为比较的基础。然而这种计算并不能捕获许多网络的丰富性。进一步地说，这种度量不能提供一种用来设计和管理价值网络的强有力方法。

网络可以被视为状态演进的系统。设计和管理都以创造和控制结构为中心，据此系统状态进化，这回避了一个价值网络的状态的问题实质。Basole 和 Rouse 定义一个价值网络的状态为参与到任何给定的消费者交易的一组节点。然后他们定义了一个价值网络的复杂性 C 为：

$$C=\sum_{i=1}^{T}pt_i\sum_{j=1}^{N}-(pn_j \mid pt_i)\log(pn_j \mid pt_i)$$

其中，T 是网络中交易类型的数量，N 是网络中的节点数量，pt_i 是交易类型 i 的概率，$pn_j \mid pt_i$ 是当交易类型为 i 时涉及第 j 个节点的条件概率，对数的底数是 2。

这种测量方法源于 Shannon 的信息理论中熵的计算，并作为评估一个系统的状态时所涉及的观测或计算的一种手段而应用于一些领域，范围从故障诊断（failure diagnosis）到制造业，再到社会学。事实上，所有的复杂性测量方法与最常用的网络表示法都是基于系统表示的特征。

通过上述等式测得的复杂性结果是二进制数（binary digits）。直观上，它代表为了确定一个价值网络的状态，人们不得不提出、并已解决的二元问题的数量。这种测量方法很微妙。比如，如果有人宣称整个零售市场的复杂性超过 30 位数，毫无疑问会有许多质疑。不过，一旦解释说这种方法是指需要大概十亿二元问题来确定系统的状态，人们开始明白复杂性的这种测量方法的含义。

4.5 ICT 在服务价值网络中的作用

服务价值网络的概念对支撑顾客和企业以及它们之间关系的信息系统的发展提出了多种问题。ICT 能够连接和协调服务提供者、顾客、生产者、推动者之间的活动。广义上讲，ICT 支撑和推进服务价值网络连接的三个球体领域，如图 4.3 所示。

ICT 对这三个球体具有深远的影响。研究表明，ICT 有助于创造组织间的相互连接。ICT 为更有效地共享信息提供了方法，因此改进协调和合作活动。如供应链管理（Supply Chain Management，SCM）和企业资源计划（Enterprise Resource Planning，ERP）的应

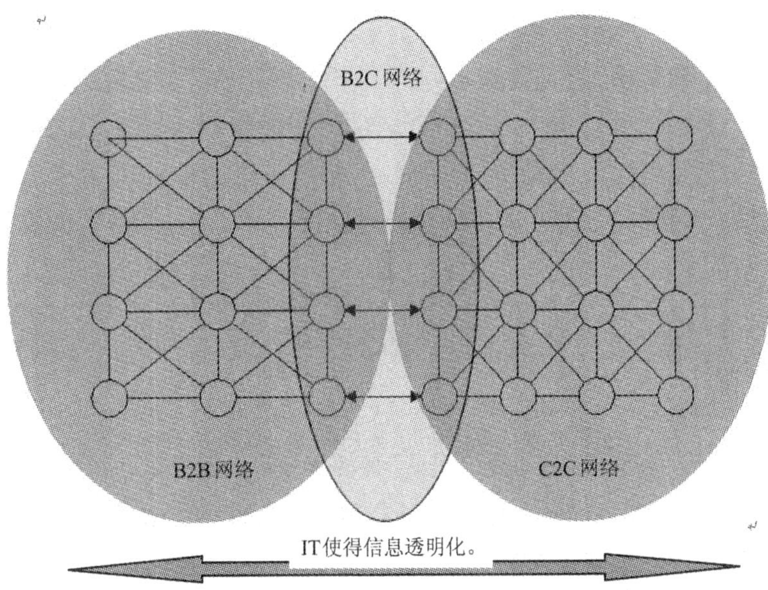

图4.3 ICT推动的价值网络连接球体范围

资料来源：R. C. Basole，W. B. Rouse. 2008.

用使得B2B参与者以整合统一的视角看待关键的操作信息。这导致信息可视性不断增加，以至于对所有参与者来说有更大的适应性、灵敏度、响应度。ICT能够使企业降低运营成本，提高生产力，改进工作流。举例来说，网络服务能使企业整合业务流程模型来更快地传送新产品和服务。

ICT也为消费者提供了重大的益处。如互联网能够使消费者访问、浏览、处理之前对他们来说不可获得的信息，搜索发现最符合他们需求的产品和服务，并在本质上具有做出更明智决定的能力。消费者的价值喜好也受网络论坛、聊天室以及其他C2C社区的影响。事实上，C2C网络驱动的社会网络结果能够在很大程度上影响消费者的喜好和购买行为。通过C2C关系，消费者变得更加见多识广，并对他们所感兴趣的服务的价值、质量和体验收到“有感觉”的反应。所有这些都导致更激烈的竞争，因为企业必须现在“为更灵通的消费者提供最好的价值”。

为了实现上述目的，企业运用精湛的 CRM 工具来管理企业—顾客界面，通过商业智能（Business Intelligence，BI）解决方案来确定潜在消费者和新市场分段，提升和定制他们的产品和服务。结果是“对分析学的竞争”变得不断强大。

4.6 本章小结

本章首先概述了网络及价值网络的基础理论知识，在此基础上提出了服务价值网络概念模型，并探讨了价值网络中的价值、价值网络的复杂性以及 ICT 在服务价值网络中的作用。

5 知识密集型服务系统的服务价值共创实现新模式构建

5.1 当前几种模式介绍

据查国内外相关文献，总结服务系统实现价值共创过程有五种实现模式①：服务蓝图理论、服务过程矩阵理论、服务组合理论、服务过程控制理论、服务接触三元组合理论。

5.1.1 服务蓝图理论

（1）服务蓝图的含义

顾客常常希望提供服务的企业全面地了解他们同企业之间的关系，但是，服务过程往往是高度分离的，由一系列分散的活动组成，这些活动又是由无数不同的员工完成的，因此顾客在接受服务过程中很容易“迷失”，感到没有人知道他们真正需要的是什么。为了使服务企业了解服务过程的性质，有必要把这个过程的每个部分按步骤画出流程图来，这就是服务蓝图。但是，由于服务具有无形性，较难进行沟通和说明，这不但使服务质量的评价在很大程度上还依赖于我们的感觉和主观判断，更给服务设计带来了挑战。

---

① 梁战平.21 世纪的新兴科学——服务科学［R］. 报告，2007（1）.

G. 林恩·肖斯塔克[①]提出服务可视图——“服务蓝图”[②]，为服务蓝图法的发展做出了开创性的贡献。

（2）服务蓝图的主要构成

服务蓝图包括顾客行为、前台员工行为、后台员工行为和支持过程。

顾客行为部分包括顾客在购买、消费和评价服务过程中的步骤、选择、行动和互动。这一部分紧紧围绕着顾客在采购、消费和评价服务过程中所采用的技术和评价标准展开。

与顾客行为平行的部分是服务人员行为。那些顾客能看到的服务人员表现出的行为和步骤是前台员工行为。这部分则仅围绕前台员工与顾客的相互关系展开。

那些发生在幕后、支持前台行为的雇员行为称作后台员工行为。它围绕支持前台员工的活动展开。

蓝图中的支持过程部分包括内部服务和支持服务人员履行的服务步骤和互动行为。这一部分覆盖了在传递服务过程中所发生的支持接触员工的各种内部服务、步骤和各种相互作用。

服务蓝图与其他流程图最为显著的区别是包括了顾客及其看待服务过程的观点。实际上，在设计有效的服务蓝图时，值得借鉴的一点是从顾客对过程的观点出发，将逆向工作导入实施系统，用每个行为部分中的方框图表示出相应水平上执行服务的人员执行或经历服务的步骤。

四个主要的行为部分由三条分界线分开：

第一条是互动分界线，表示顾客与组织间直接的互动。一旦有一条垂直线穿过互动分界线，即表明顾客与组织间直接发生接触或

① G. L. Shostack. Designing Services That Deliver ［J］. Harvard Business Review, 62 (January – February 1984), pp. 133 – 139; G. L. Shostack. Service Positioning Through Structural Change ［J］. Journal of Marketing, 1987 (1): 34 – 43.

② Mary Jo Bitner, Amy L. Ostrom, Felicia N. Morgan. Service Blueprinting: A Practical Technique for Service Innovation ［R］. Center for Services Leadership, Arizona State University, 2007.

一个服务接触产生。

第二条是极关键的可视分界线，这条线把顾客能看到的服务行为与看不到的服务分开。看蓝图时，从分析多少服务在可视线以上发生、多少在可视线以下发生入手，可以很轻松地得出顾客是否被提供了很多可视服务。这条线还把服务人员在前台与后台所做的工作分开。比如，在医疗诊断时，医生既进行诊断和回答病人问题的可视工作或前台工作，也进行事先阅读病历、事后记录病情的不可视工作或后台工作。

第三条线是内部互动线，用以区分服务人员的工作和其他支持服务的工作及工作人员。垂直线穿过内部互动线代表发生内部服务接触。

蓝图的最上面是服务的有形展示。最典型的方法是在每一个接触点上方都列出服务的有形展示。

5.1.2 服务过程矩阵理论

罗杰·施米诺（Roger Schmenner）设计了一个服务过程矩阵①，如图 5.1 所示。在该矩阵中，施米诺根据影响服务交付过程性质的两个主要维度对服务进行了分类。垂直维度衡量劳动力密集程度，即劳动力与资本成本的比率。资本密集型服务，如航空公司和医院位于矩阵的上部；劳动密集型服务，如学校和法律服务业位于矩阵的下部。水平维度衡量企业与客户之间的相互作用及定制程度。定制（customization）是一个营销变量，它指顾客影响所要交付的服务性质的能力。若服务是标准化的而不是定制化的，那么顾客与服务提供者之间的交互程度较低。例如，在麦当劳就餐。相反，医生与病人必须在诊断和治疗阶段充分交流才能达到

① Roger W. Schmenner. How Can Service Business Survive and Prosper? [J]. Sloan Management Review, 1986, 27 (3): 25.

令人满意的效果，当然高度定制所需的交互给管理带来了潜在的问题。

劳动力密集程度 \ 交互及定制程度	低	高
低	服务工厂： ·航空公司 ·运输公司 ·旅馆 ·度假与娱乐场所	服务作坊： ·医院 ·机动车辆修理厂 ·其他维修服务
高	大众化服务： ·零售业 ·批发业 ·学校 ·商业银行的零售服务	专业服务： ·医生 ·律师 ·会计师 ·建筑师

图 5.1　服务过程矩阵

资料来源：Roger W. Schmenner. How Can Service Business Survive and Prosper? [J]. Sloan Management Review, 1986, 27 (3): 25.

为了反映具体服务的性质，服务过程矩阵的四个象限被赋予了不同的名称。“服务工厂”提供标准化服务，即像制造工厂生产产品一样经营服务，具有较高的资本投资；“服务作坊”则允许有更多的服务定制，但它们是在高资本环境下经营的；“大众化服务”的顾客在劳动力密集的环境中得到无差别的服务；而寻求“专业性服务”的顾客则会得到经过特殊训练的专家为其提供的个性化服务。

5.1.3　服务组合理论

组合包括产品和服务的组合，有五个特征：

第一，支持性设施。在提供服务前必须到位的物质资源：地点、内部装修、支持性设备、建筑的适当性、设施布局等。

第二，辅助物品。顾客购买和消费的物质产品：一致性、数量、选择等。

第三，信息。享受高效服务的顾客所提供的信息和数据，如病历卡、提前预订顾客所享受的优惠等。

第四，显性服务。可以用感官察觉到的和构成服务的基本利益：包括服务人员的培训、全面性、稳定性、可获性等。

第五，隐性服务。顾客能模糊感觉到服务所带来的精神上的收获：包括服务态度、气氛、等候、地位、舒适感、保密性与安全性、便利等。

5.1.4 服务过程控制理论

服务过程控制是一个循环过程，是一种反馈控制系统。

5.1.5 服务接触三元组合理论

服务接触可以看成是由组织、顾客和服务人员构成的三元组合[①]（见图5.2），其中顾客与服务人员对处于由服务组织界定的环境中的服务过程实施控制。看起来是人与人之间的相互作用，实际上，服务提供者可以是为人服务的机器、为机器服务的机器或者为机器服务的人。

① ［美］詹姆斯A. 菲茨 西蒙斯，莫娜J. 菲茨西蒙斯. 服务管理：运营、战略和信息技术（第二版）［M］. 张金成，范秀成等译. 北京：机械工业出版社，2000：165.

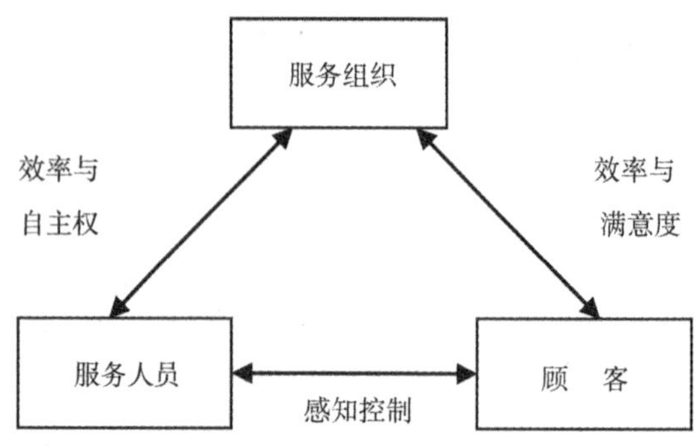

图 5.2　服务接触三元组合图

资料来源：［美］詹姆斯 A. 菲茨西蒙斯，莫娜 J. 菲茨西蒙斯. 服务管理：运营、战略和信息技术（第二版）［M］. 张金成，范秀成等译. 北京：机械工业出版社，2000：165. 作者整理。

5.2　服务蓝图理论的发展

服务蓝图一直是服务系统描述（建模）方法研究的主线①。蓝图技术由 Shostack（1987）首先提出。而后 Kingman（1989）等人将其应用于描述服务流程。他先后多次撰文对服务蓝图研究进行了完善，使原来仅仅用于服务组织内部工作流程的粗略描述的蓝图发展至包括顾客活动、前台服务、后台服务和前后台关系以及管理实施在内的对服务运作系统进行整体描述的有效工具。田志友和王浣尘（2003）将系统工程中的解释结构模型引入到服务蓝图设计过程中②，清楚地刻画了服务系统各构成要素之间的层级关系，方便了服务蓝图的设计，突出了服务体系与用户之间以及服务体系内部上下游职能之间的服务接触点，为确定服务评价内容、设计评价指标

① 陈觉. 面向大批量定制的服务系统设计研究［D］. 浙江工商大学博士学位论文，2008 年 6 月.

② 田志友，王浣尘. 解释结构模型在服务蓝图设计中的应用［J］. 工业工程与管理，2003，(4)：46－50.

体系提供了方便。田志友等人（2005）还进行了基于服务蓝图技术的服务业务流程能力指数的研究[①]。Flie β 和 Kleinaltenkamp（2004）又在其基础上进行了完善，在服务蓝图上对顾客主导性服务活动和独立于顾客的服务活动进行了区分和标识。

在服务蓝图之外，学者们还采用了其他多种表述方法，近年来还结合信息技术的发展推出了不少基于计算机的新方法。Ramaswamy（1996）在服务蓝图的基础上加入了决策框和功能行为主体框，提出了流程表（flow chart）的方法。Congram 和 Epelman（1995）将结构化分析与设计技术应用到服务流程的描述，强调服务行为和组织内部交流的联系，因而较适用于服务信息管理。Kim H. W. 和 Kim Y. G.（2001）提出了动态事件流程链模型，实现了电脑仿真，十分适用于分析服务流程的变化。Lai 等人（2001）运用系统动力学的方法建立仿真模型来描述工程服务中各系统要素如人力资源、服务容量等对系统绩效的影响以及各要素之间的相互作用。

此外，相关的还有关注于服务流程的某一具体部分的研究，这类研究较多，主要关注于服务流程的某一具体部分而不是整体流程，如服务设施与环境的设计、服务行为设计、补救性服务设计、服务保险性设计、流程设计与顾客等候时间的关系等。另外，与服务流程设计相关的研究还见于服务流程再造的文献，但这类文献更多地见于实际的应用研究。我国情况也类似。

5.3　知识密集型服务价值创造的特点

知识密集型服务中价值是如何创造的呢？与传统经济中的价值

---

① 田志友，田澎，王浣尘．基于服务蓝图技术的服务企业过程能力指数研究［J］．工业工程与管理，2005（1）：6－10.

及价值实现过程有何不同呢？经查阅文献①，最终两者的比较如表5.1所示。

表5.1 价值及价值创造在传统经济与服务经济中的比较

	传统经济	服务经济
价值的含义	按竞争的观点，价值是顾客对企业提供给他们的产品或服务所愿意支付的价格	价值是系统进步
价值驱动力	交换价值	使用价值或情境价值
价值创造者	通常从供应链中的其他企业获得投入的公司	企业、合伙人关系网、顾客
价值创造过程	价值蕴含在企业所提供的“产品”或“服务”中，并可以通过增强或增加其属性来“增加”价值	企业根据市场提出一项价值（创造），顾客在使用中继续该价值创造过程
创造价值的目的	为企业增加财富	通过其他系统提供的服务（知识和技术的应用）增强自身系统的适应性和生存能力
价值度量	名义价值额，交换价格	受益系统的适应性和生存能力
使用的资源	主要是静态资源，如实物	主要是动态资源，如知识和技术，有时需嵌入到静态资源中进行转移
企业所扮演的角色	创造并分配价值	提出并共创价值，提供服务
实物产品的作用	产出的计量单位，蕴含价值的静态资源	作为动态资源的工具，使企业的能力获益
顾客所扮演的角色	“耗尽”或“破坏”企业创造的价值	通过整合企业提供的资源以及其他个人及公共资源进行价值共创

资料来源：Stephen L. Vargo，Paul P. Maglio，Melissa Archpru Akaka. On Value and Value Co－Creation：A Service Systems and Service Logic Perspective. European Management Journal，2008，26（3）：148. 作者补充整理。

① Stephen L. Vargo，Paul P. Maglio，Melissa Archpru Akaka. On Value and Value Co－Creation：A Service Systems and Service Logic Perspective［J］. European Management Journal，2008，26（3）：148.

5.4 构建价值共创实现新模式

在服务蓝图理论的基础上，拟进行修改和补充，尝试构建价值共创实现的新模式。

5.4.1 组成部分

根据前面的章节介绍，V. Zeithaml、M. J. Bitner 和 D. Gremler (2006) 认为一个典型的服务蓝图应该包括五大组成部分：顾客行为、雇员（前台）可视行为、雇员（后台）不可视行为、支持过程以及有形展示（physical evidence）。勿庸置疑，服务蓝图理论为服务过程的勾画以及人们更好地了解抽象的服务过程做出了无法替代的贡献。我们在肯定和称赞前人巨大奉献工作的基础上，仍尝试提出自己稍有不同的看法和见解。我们认为为了更好地了解服务过程以提高服务能力，达到预期的服务效果，服务过程应该更关注顾客及其行为，因此不能简单地以“顾客行为”概括顾客所有的活动，而应更区分为（前台）可视行为和（后台）不可视行为。因此我们尝试性地对经典的服务蓝图理论予以部分补充修改，认为一个完整的服务蓝图应该包括六个组成部分：有形展示、顾客（后台）不可视行为、顾客（前台）可视行为、雇员（前台）可视行为、雇员（后台）不可视行为以及支持过程，如图 5. 3 所示。

在服务蓝图的顶端按照时间顺序描述了顾客的行为。服务蓝图与其他流程图方法的不同之处在于顾客的行为对蓝图的创造具有很重要的作用，同样地，典型的蓝图最先展示顾客行为，因此其他活动都可看作是对提供给顾客或与顾客共同创造的价值主张（value proposition）的支撑。顾客的行为分为顾客（前台）可视行为和顾

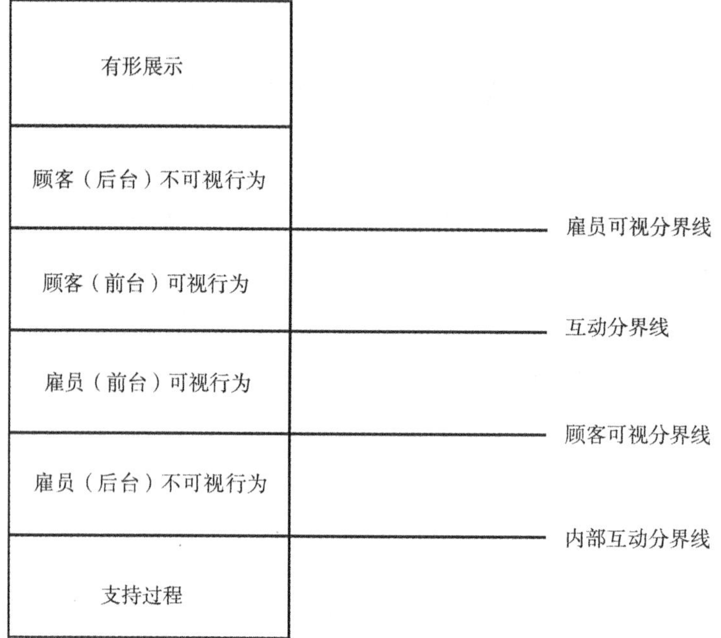

图 5.3　新模式组成要素图

客（后台）不可视行为。

第一个要素是“顾客（后台）不可视行为”，描述了顾客的其他所有不可视行为，既包括与接触员工之间的不可见互动行为（如网上预订房间），也包括顾客的其他任何在接受服务前、后的过程中产生的行为（如上网、洗澡等）。

服务蓝图的第二个关键要素是“顾客（前台）可视行为”，是指发生在接触员工提供面对面服务过程中的顾客行为，与顾客（后台）不可视行为被极其重要的雇员可视分界线分隔开来。雇员可视分界线以上的所有活动对接触员工来说都是不可见的，该分界线以下都是可见的。

第三个关键的组成要素是“雇员（前台）可视行为”，与顾客（前台）可视行为被互动分界线分隔。雇员可视行为亦可称为雇员后台行为，是指发生在接触员工提供面对面服务过程中的活动。每

当互动分界线跨越从顾客到接触员工（或公司的自助服务技术等）的连接时，一个关键时刻（moment of truth）就产生了。

第四个重要组成要素是“雇员（后台）不可视行为”，与员工前台行为被重要的顾客可视分界线分隔。顾客可视分界线以上的所有活动对顾客来说都是可见的，该分界线以下都是不可见的。在可视分界线以下，描述了员工的其他所有行为，既包括与顾客之间的不可见互动行为（如打电话），也包括员工的其他任何为服务顾客的准备行为或员工职责的部分行为。

第五个组成要素是“支持过程”，与接触的员工被内部互动分界线分隔，是指那些由公司内部非接触员工完成的为了传递服务而需要发生的所有活动。从支持区域连接服务蓝图中的其他区域的垂直线，代表对传递服务至最终顾客具有重要作用的内部功能连接和支持。

总体来看，对于顾客的每种行为以及每个关键时刻，在服务蓝图的最顶端对与顾客有接触的有形展示进行了描述，包括所有暴露于顾客的、影响他们质量感知的有形物质。服务蓝图中陈列的所有有形展示的物质与顾客行为一一对应。

5.4.2 构建过程

第一步需明确要勾画的服务过程或子过程。因为企业常常为了迎合不同的目标客户的需求而修改服务过程（如一位飞行员或一等舱乘客跟其他乘客的不同登机过程），所以详细说明哪些顾客是蓝图关注的焦点是非常重要的。

第二步要描述顾客行为，包括顾客前台行为和后台行为，因为它是蓝图其他所有组成要素的基础。通常这部分工作远比预期的更具有挑战性。诸如“顾客认为服务何时开始又何时结束?”的问题会引发大量的讨论。

第三步要描述接触员工的行为，包括前台行为和后台行为。

第四步要描述支持过程，此时可以增加联系顾客与接触员工活动之间的连接或顾客与需要的支持功能的连接。

最后加入蓝图的要素是有形展示。

在构建过程中需注意如下问题：

1）比较理想的是服务蓝图由具有不同功能的团队甚至是顾客一起开发。

2）对已存在的服务过程，必须按照实际情况建立服务蓝图。

3）对于不同服务过程需要建立不同的服务蓝图。

4）在进行服务蓝图设计中，可借助计算机图形技术。

5.4.3 对构建过程的进一步分析

（1）绘制什么服务过程

绘制什么过程依赖于组织或团队的目标。如果目标未被准确定义，识别过程将非常艰难。需要提出的问题有：为何要绘制服务蓝图？我们的目标是什么？服务过程的起点和终点在哪里？我们是关注整个服务、服务的某个组成部分还是服务的一段时间？

（2）能把多个细分市场绘制在一张蓝图上吗

一般来说该问题的答案是“不”。设想各个细分市场具有不同的服务过程或服务特征，则两个不同细分市场的蓝图会大不一样，只有在一个非常高的水平上（有时称之为概念蓝图）才可能同时绘出不同细分市场的蓝图。

（3）谁来绘制蓝图

蓝图是团队工作的结果，不能在开发阶段指定个人来做这一工作。所有有关方面都要参与开发工作或者派出代表，包括组织内各职能部门的雇员（营销、运营、人力资源、设备设计部门），有时也有顾客。

（4）描绘现实的服务过程蓝图还是期望的服务过程蓝图

如果正在设计一项新服务，显然从绘制期望的服务过程开始极为重要。但是在进行服务改进或服务再设计时，首先从绘制现实服务过程入手非常重要（至少在一个概念水平上绘制）。一旦小组了解到服务实际如何进行，修改和使用蓝图即可成为改变和改进服务的基础。

（5）蓝图应包括例外或补救过程吗

如果例外事件不多，可以在蓝图上描绘比较简单、经常发生的例外补救过程。但是这样会使蓝图变得复杂、易于混淆或不易阅读。一个经常采用的、更好的战略是在蓝图上显示基本失误点，有必要时，为服务补救过程开发新的子蓝图。

（6）细节的水平应该如何

该问题的答案依赖于最初开发蓝图的目的或意图。如果目的在于表达整个服务的过程，那么，概念蓝图不需要太多细节。如果蓝图要用于诊断和改进服务过程，那就要更加详细些。由于有些人比别人更加重视细节，该问题经常被提出，需要蓝图开发团队给予解决。

（7）应使用什么符号

在这一点上，还没有公司通用或认可的蓝图符号词汇。最重要的是符号要有明确定义、使用简便。如果蓝图要在组织内部共同使用，这些符号更应是团队内和组织各部门间常用的才行。

（8）蓝图要包括时间和费用吗

蓝图的用途很广泛。如果蓝图的使用目的是减少服务过程中的时间，时间就一定要被包括进来，对费用开销或其他与该目的有关的问题也一样。但是并不提倡把这些东西加入蓝图，除非它们是中心问题。

5.4.4 评价

（1）特点

服务蓝图具有直观性强、易于沟通、易于理解、具有多功能性和灵活性的优点，与其他过程建模方法有如下几个相同点：

1）是一种通过代表参与者和活动的符号来描述商业过程的可视表示法。

2）可以用来表示对概念过程的高级概览，或支持子过程的特定细节。

3）通过更加面向内部的过程建模工具和语言如 BPMN（Business Process Modeling Notation）和 UML（Unified Modeling Language）来调节连接以适应平行过程和子过程的文件及图表。

然而服务蓝图不如一些商业过程模型（如 UML）复杂、正式。服务蓝图相对简单些，其图形表示对所有涉及的利益方——顾客、管理者、一线员工——来说比较容易学习、运用甚至修改以满足特殊的创新需求。服务蓝图关注企业边界而不是软件引擎层级（software engine level）的人—人、人—技术交互界面（interface）的服务创新，允许服务设计者深度研究但不失去对顾客行为和过程的连接。

（2）作用

其作用主要表现为以下几个方面：

1）促使企业全面、深入、准确地了解所提供的服务，有针对性地设计服务过程，更好地满足顾客的需要。

2）有助于企业建立完善的服务操作程序，明确服务职责，有针对性地开展员工的培训工作。

3）有助于理解各部门的角色和作用，增进提供服务过程中的协调性。

4）有利于企业有效地引导顾客参与服务过程并发挥积极作用，明确质量控制活动的重点，使服务提供过程更合理。

5）有助于识别服务提供过程中的失败点和薄弱环节，改进服务质量。

5.4.5　使用方法

根据不同的意图，服务蓝图可以有不同的使用方法。如果你的意图是了解顾客对过程的观点，可以从左到右阅读，跟踪顾客行为部分的事件进行。随之而来会提出这样的问题：顾客是怎样使服务产生的？顾客有什么选择？顾客是被高度涉入服务之中，还是只需要其做出少数行为？从顾客角度看，什么是服务的有形展示？这与组织的战略和定位始终一致吗？

如果意图在于了解服务员工的角色，也可以水平阅读蓝图，但这回要集中在可视线上下的行为上。有关问题会是：过程合理、有效率、有效果吗？谁与客户打交道，且何时进行，频率如何？一位雇员对顾客负责到底还是顾客会从一位雇员转到下一位雇员？当佛罗里达州的一家医院认识到，病人会在几乎无人看护的情况下从一位雇员处转到下一位雇员处时，医院进行了重新组合，这样每位病人都被指派一位“陪伴”（通常是护士或助手），满足其从住院到离开的所有要求。结果不仅经营费用减少了9%以上，而且提高了病人的满意度。

如果意图在于了解服务过程不同因素的结合，或者识别某一员工在大背景下的位置，服务蓝图可以纵向分析。这时就能清楚看到什么任务、哪些员工在服务中起关键作用，还会看到组织深处的内部行为与一线服务效果之间的关联。有关问题是：为支持客户互动的重要环节，在幕后要做什么事？什么是相关的支持行为？整个过程从一位雇员到另一位雇员是如何发生的？

5.4.6 构建实例

本书拟对快递物流服务过程运用以上服务蓝图新模式进行构建研究。

简化的快递物流服务蓝图被四条分界线分成五个部分（如图5.4所示）。图中只保留了服务中最基本的步骤，并且是抽象化的理想情况，但该图也描述了快递物流服务的基本过程①。从整体上看，快递物流服务过程包括订单处理作业、集货作业、运输作业、分货作业和配送作业。

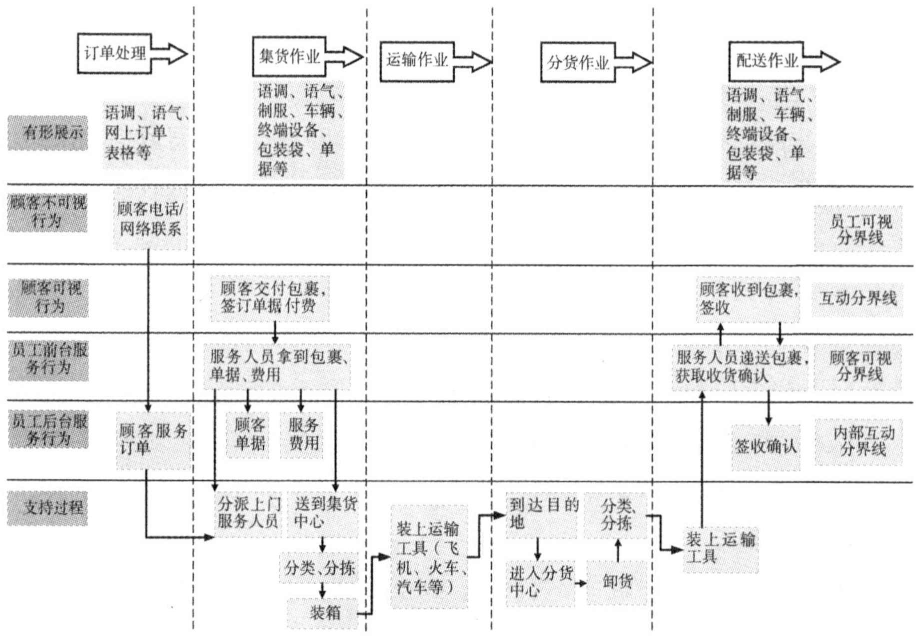

图5.4 快递物流服务蓝图

① 翟运开．基于服务蓝图的物流服务流程优化——以快递物流服务为例［J］．工业技术经济，2009，28（12）：19－22.

从顾客角度看，快递物流服务包括三个步骤：下订单（通过电话或网络）、交付包裹（快递公司前台员工上门收取）、收取包裹（快递公司前台员工上门送达）。

对快递物流公司而言，与顾客紧密接触的是订单接线员、网络订单确认人员、上门收件员和上门送货员。

在这三个环节的有形展示为影响顾客感知服务质量的重要因素。订单处理环节的有形展示主要为语调、语气、网上订单表格等；上门收货和上门送货环节的有形展示主要为员工语调、语气、制服、车辆、终端设备（射频设备、电脑等）、包装袋、单据等。

顾客并不关心可视线背后的复杂运作过程，尽管这里的复杂运作正是快递公司服务质量的核心，为了保证可见部分的顺利进行，不可见的内部服务必不可少。同时，快递服务蓝图是可以调整的，图中的任何步骤都可以进一步细化与深入。例如，若快递公司发现分拣环节耗时过长而导致快递延迟时，就会对这一环节进一步细化以解决出现的问题。

通过图 5.4 的快递物流服务蓝图，可以清晰地观察到快递企业与顾客的服务接触过程，同时，此图也展现了快递企业的服务运作流程，相应的负责人及不同员工之间的服务对接也十分清晰。运用服务蓝图，优化快递物流服务流程具有十分重要的现实意义，能改善快递物流服务传递和服务质量水平，对其他物流企业运作也具有借鉴意义。

5.5 本章小结

本章首先对当前几种服务模式进行了介绍，并结合知识密集型服务价值创造的特点，在服务蓝图理论的基础之上，构建了服务价值共创实现新模式。

6　知识密集型服务系统之间的服务价值共创分析

对知识密集型服务系统的服务价值共创研究，仅仅研究其共创实现模式是不够的，还需要对服务系统之间的服务价值共创进行研究，建立服务系统之间的服务价值共创体系，从而揭示价值共创本质以及服务价值创造动力。

6.1　服务系统之间的交互作用

从 S－D logic 的角度，服务是为了另一方的利益而对能力的运用。所以服务至少涉及两个实体，一方应用能力，另一方整合应用的能力和其他资源以决定利益（价值共创）。我们称这些相互交互的实体为服务系统。更确切地说，我们定义一个服务系统为动态的价值共创资源——包括人、组织、共享信息（语言、法律、度量标准、方法）和技术—配置，都通过价值主张与其他服务系统的内部或外部连接。人是拥有法定权利的实物资源，组织（如企业）是拥有法定权利的概念资源，共享信息被视为特性（property）的一种概念资源，技术被视为特性的一种实物资源。每一个服务系统都有一个独特的身份，是一种或一类服务系统的实例（如人、企业、政府机构等）。一个服务系统的历史就是与其他服务系统的交互片段（episode）的顺序排列，包括与它自己的交互片段。

假设许多服务系统相互作用以共同创造价值（如某一天一个城市的所有的人、企业和政府机构相互作用）。服务系统之间的价值共同创造交互作用称之为服务交互①。每一个服务系统参与三个主要的服务交互活动：①提出与另一个服务系统进行价值共创交互（提议 proposal）；②同意提议（协议 agreement）；③实现提议（实现 realization）。一项提议可能是一个单独的已经定义的价值共创交互（如证明一个文件）或正在进行的并未完全定义的一系列交互（如签订一项雇用协议）。协议可以是正式的，存在于明确或含蓄的法律合同里，或非正式的（点头同意另一个人以示确认一份文件），争论的决议可能成为商谈的问题。两种特别的提议是：①共同创造服务系统的一个新实例；②共同创造一种新的服务系统。例如，创立企业，或建立一种新的公私混合的机构，这种机构确立一种易货货币（barter currency）以促进社区的志愿服务。建议可能被肯定也可能被否定。被肯定的建议可能成功地实现两个服务系统的相互满意，也可能未能实现一方或双方服务系统的期望。例如，在新的货币交换情形下，造伪币者会利用现代复印技术，破坏城市里所期望的志愿精神的高涨。可以正式或非正式地处理失败的决议。

服务系统有开始、历史，也有结束。在历史中，正式的服务系统有一组合法权利和责任（如企业和它们的雇员必须每年申请纳税），而非正式的服务系统就不需要（如它们就是做家务琐事）。文化提供权利和责任的默许指导，法律体系随着时间会形式化部分隐性知识（tacit knowledge）。尽管服务系统判定价值共创是一项复杂的活动，基于有形、无形、客观、主观的测度方法，更确切地说，这就是服务系统一直在从事的工作——对正与其他服务系统共同创造的价值进行判断并进行相应的调整。

① Jim Spohrer, Stephen L. Vargo, Nathan Caswell, Paul P. Maglio. The Service System is the Basic Abstraction of Service Science [C]. Proceedings of the 41st Hawaii International Conference on System Science, 2008: 1-10.

并不是所有的服务系统交互都是服务交互。图 6.1 勾画了服务系统之间交互片段的 ISPAR（Interact—Serve—Propose—Agree—Realize）模型。一个交互片段是由两个服务系统共同采取的一系列活动。在这个标准的模型里，任何两个服务系统之间共有 10 种可能交互结果。

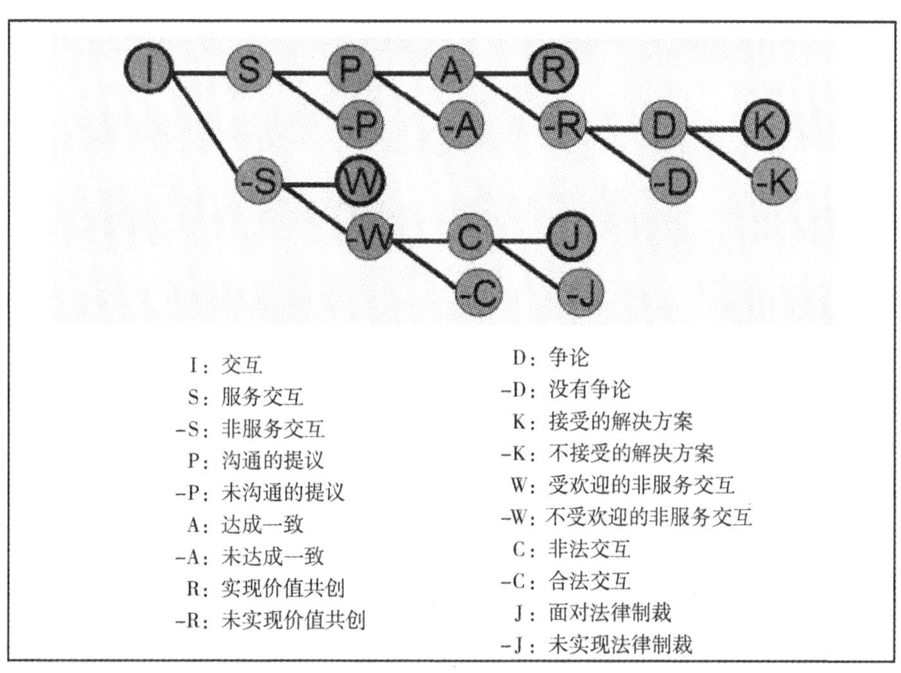

图 6.1 服务系统之间交互的 ISPAR 模型

资料来源：Jim Spohrer，Stephen L. Vargo. 2008.

结果（R）：提议并已同意的服务交互的实现。对于一个在许多服务系统中具有良好声誉的服务系统来说，这就是理想的结果。例如，如果一个人将一份文件带至公证处要求公证，而且服务交互成功，价值是共同创造的，两方服务系统都从服务交互中获益。实现结果（R）与服务系统之间的双赢交互作用是一致的。

结果（－P）和（－A）：一项建议可能不能被其他服务系统成

功地沟通或理解（-P），因此交互作用可能中止。抑或一项建议可能有沟通，但是服务系统之间的活动却不能达成协议（-A），因此服务交互作用可能中止。比如，如果请求者（requestor）不具有合适的身份证明（identification），那么公证人就会拒绝公证这份文件。如果申请者没带来一份文件，公证人则不理解申请者欲公证一些抽象事物的企图。

结果（-D）、（-K）和（K）：提议的服务交互的价值未能实现，可能没有争论（-D）发生。例如，两个服务系统可能共同合作于一个风险事业并由于某些原因失败了，双方服务系统均承认无力控制，因此没有共创价值，也没有争论发生，不过双方服务系统均从这次尝试中学到了许多。然而，常常当一方或双方服务系统未实现共创价值时，争论就相继产生了。或者，双方服务系统可能成功地进行了价值共创，但是另一方感兴趣的服务系统受其前进步伐的影响。这是大家不想看到的结果。例如，一家业主可能正在将其财产卖给一个组织，而该组织正在进行一个为逃离战争国家的家庭的重新安置计划，邻居就会奋力提出诉讼（file suit）来阻止这场销售，害怕财产贬值。当有争论发生，可以是所有利益方（K）都接受的一种成功议案，也可能是所有利益方都不接受的解决方案（-K）。Tapscott 大量描述了企业在试图创造价值但不能充分理解它们的利益方网络时所承担的风险。在基于两个服务系统之间的正式合同的正式服务交互情形下，如果不能找到一个私人的解决方案，参与者将会调用合适的法律诉讼以及外部管制机制来解决这个争论。

结果（W）：服务系统之间的许多交互作用并不是服务交互（如导致大量的实质性价值共创），然而可能双方服务系统都欢迎（W）这种交互。如与在大街上遇到的陌生人交换幽默，或在商业贸易时显示交换信息。这些交互是自愿的也是受欢迎的，但是共创的价值量是很小的、不均匀的，提议和协议均不正式。然而，我们

不要最小化受欢迎（W）的非服务交互，它们常常为将来可能共创更大价值的服务交互奠定了基础。例如，国家之间的政府访问寻求建立更好的外交关系，交互作用是受欢迎的，但常常仅仅是礼貌，并不期望有明确建议和协议的实质性服务交互。

结果（-C）、（-J）和（J）：当服务系统间的交互并不受一个或双方服务系统欢迎时（如通过比较登机牌对超额预订的班机上分配到同一座位的两名乘客进行确认），由于不受欢迎的（-W）非服务交互的严肃性，必须作出一个判定。在这个两次预订同一座位的案例中，这种行为并不像是一种犯罪（C）行为。然而，如果一个人进家发现一个陌生人在屋里，或看到一个未经许可的陌生人在一个办公室里徘徊，这种不受欢迎的交互（-W）事实上可能是犯罪（非法）行为。如果是犯罪行为，几个服务系统之间一系列的交互活动将导致判定（J）是否捕获并惩罚这个罪犯，或者不判定（-J）是否抓获这名入侵者或不起诉。

ISPAR 模型使得我们将这个世界看作是不同种类（人、企业、政府机构等）的服务系统之间的交互群体。许多种类的实体可以统一为一个单独的抽象，可以研发大量的测量方法。例如，一个服务的生命长度可以通过与其他服务系统交互的数量和结果的种类进行度量，而不仅仅是简单按照年代顺序。它的结果随着时间的分布变成了在比较服务系统时一个有趣的标识。任何一对服务系统都有交互的历史和结果的分布，所有的两个实例都可以进行模式比较。许多服务系统的稳定性可以通过结果（R）较其他结果种类增长的趋势进行度量，这也暗示大量的服务系统正在丧失创新性。服务系统的质量可以通过（R）对其他所有结果联合的比率趋势进行度量。

完全刻画已存在的服务系统种类、生命周期里服务交互片段的范围、判定的价值共创方式、争论的解决方式只是服务科学中的一些关键问题。争论以及如何有效地解决它们是服务系统学习和提升的一项重要机制。争论来自冒险，经济学家已对一些争论进行了很好的研究，如有限理性和机会主义（bounded rationality and opportunism）。

6.2 服务系统之间的服务价值共创

6.2.1 服务价值共创体系

服务系统是与其他系统通过价值主张相连接的资源（包括人、技术、信息等）配置（Spohrer 等，2007、2008）。服务系统的功能是利用其资源以及其他系统的资源来改善其和其他系统的境况。资源获取的一种方式是通过一个系统的应用动态资源（服务）与其他服务系统的应用动态资源的交换。我们可以将个人、团体、组织、企业和政府看作是服务系统，如果它们能够采取行动、应用资源、与其他系统以互利的方式工作。

理发师是使用剪刀、洗发水和其他资源为顾客塑造发型而应用其技能和经验的个人。企业通过其员工的知识和技能应用提供 IT 外包服务以及内部（in - house）流程和技术来开始和运转另一个企业的 IT。在这两个案例中，系统（理发师和工具，或外包企业和技术）通过与其他系统（有头发和喜好的个人，或需现有 IT 系统和应用支撑的顾客企业）的联合来进行能力配置。这两个案例里，系统通过互惠互利的方式一起工作。

服务系统共同创造价值，其生存有效依赖于其他系统的资源。这种相互依赖驱动了服务—服务交换和资源整合。Vargo 等将服务—服务交换作为经济交换的基础，并且认为这种观点可以重新构

造出交换价值、使用价值和共创价值之间的关系[①]，如图 6.2 所示。

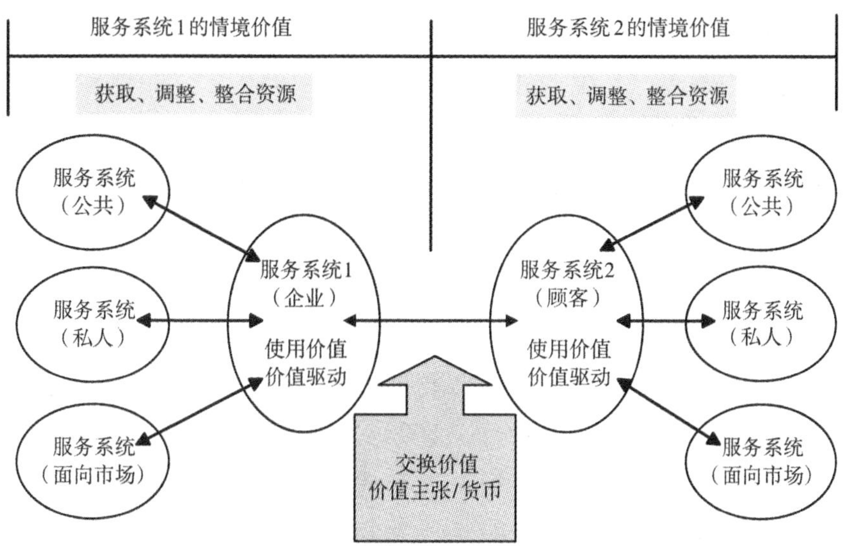

图 6.2　服务系统之间的价值共创体系

资料来源：Jim Spohrer, Stephen L. Vargo. 2008.

服务系统之间通过价值主张、价值接受和价值评估连接在一起（Spohrer 等，2008）。服务提供者根据他们的能力（技能和知识）在市场上提出价值。其他服务系统根据资源的需要接受、拒绝或未注意该价值主张。建议的服务可以直接提供（如税收准备服务），也可以通过产品（如税务软件）间接提供。某种价值一旦提出并且在市场上这种服务可行，由其他服务系统——需要这些资源的潜在客户——来决定是否接受这一价值主张。例如，如果正在提供税收准备服务，一些服务系统（如顾客）会接受价值主张，并决定用货币来交换税收准备专门要求的知识、技能和时间。在其他情况下，

① Stephen L. Vargo, Paul P. Maglio, Melissa Archpru Akaka. On Value and Value Co - Creation: A Service Systems and Service Logic Perspective [J]. European Management Journal, 2008, 26 (3): 145 - 152.

顾客可能会拒绝直接服务而选择更间接的服务——使用税收软件。在以上任一情况下，提供者的应用资源（服务）必须在价值实现之前与利益方的能力和资源进行整合。

在直接情况下，税收准备文件必须签订、上交并保留法定时间，将来税收归档时作为输入数据使用。它们也可以被视为将来与税收相关的决定以及其他活动的输入，如申请抵押过程。在间接情况下，顾客仍然必须整合服务提供者（如企业）的嵌入知识和技能——植入软件里的能力——以及他/她自己的相关技能、时间和其他资源（如计算机），以及直接服务提供中使用的资源。在每种情况下，自愿—情境和使用—情境唯一导致了价值决定——使用价值或情境价值（Vargo & Lusch，2008a）。

因此，交换的目的是利用其他系统的应用知识（服务）作为资源来改善自己的情境。在服务系统之间的交换中，价值是通过动态（有时是静态）资源的使用或整合、应用决定的（Lusch & Vargo，2006）。在税收准备案例中，直到价值主张的利益方（在此例中，需要准备税收的人）真正准备了其税收并将这种新资源以某种方式整合到他/她的生活中（如因为省力而感到如释重负，结果寄回，收到退款等）时，才创造了价值。也就是说，顾客（服务系统）的福利（well－being）在某种程度上被改善。

正如提到的，价值共同创造并不受任何一个交换活动或服务系统的活动限制。通过整合现有资源与各种由系统的环境决定的、对系统福利做出贡献的服务系统的资源进行价值共创。每一个服务系统通过交换访问其他服务系统的资源，这些系统包括内部系统（如系统本身、员工）、私人系统（如朋友、利益方）、面向市场的系统（供应商、其他经济交换）和资源。交换价值是交换方之间提供和接受的协议度量单位（如货币和价值主张）。服务系统的现有资源吸纳并整合服务提供者的资源，正如前面提及的税收案例，价值来自情境并由其决定。当新知识产生并且周围系统内部及之间产生

交换时，这个过程会持续。

6.2.2 体系中共创价值的系统

价值创造的情境对于价值创造的作用与参与方的能力对价值创造的作用是同等重要的。尽管对于价值创造过程来说，社会环境、生态环境和政府环境常常被视为不可控制的、外在的，而共创价值的情境本质则暗含另外的意思。不可能控制环境的所有方面，但这并不意味着不能整合环境资源进行价值创造（Lusch & Vargo, 2006）。资源如时间、天气和法律等，常常被认为是个人和组织不可控制的，所有服务系统（如顾客、企业、家庭、国家）都将其整合到（如果不依赖的话）价值创造过程中来。

尽管 S – D logic 和服务系统都关注使用或情境产生和决定了价值[①]，交换决定价值仍然是价值共同创造的一个重要组成部分。没有交换价值的使用价值也可能存在（Vargo & Lusch, 2006），但是当访问其他系统资源的需求产生时，交换价值的需求也随之而来。换句话说，一旦需要的资源不能自然地获得，这时价值创造就要求交换价值，如将呼吸新鲜空气和需要氧气罩进行对比。因此价值的共同创造要求不止一个服务系统的参与，而是通过对经交换获得的资源的整合和应用而进行价值创造的。共创价值的过程是受使用价值的驱动，但是由交换价值调控和监督的。

交换价值提供了一种测度周围系统的一定情境下相关价值的方法。但是其核心是，在其环境中，价值依赖系统而生存并完成其他目标。利用其他系统提供的服务意味着它有吸收、改良的能力。也就是说，使用价值可以定义为特定环境下的系统改进（比较 Bein-

① Stephen L. Vargo, Paul P. Maglio, Melissa Archpru Akaka. On Value and Value Co – Creation: A Service Systems and Service Logic Perspective [J]. European Management Journal, 2008, 26 (3): 145 – 152.

hocker，2006）。如果一个人没有收入或居住在没有收入所得税的地方，就没有必要提高一个人的税收服务能力或使用税务软件的能力。但是如果一个人居住在有收入所得税的地方，那么拥有税收准备能力对生存是非常重要的（就不用起诉、不用进监狱，等等）。按照惯例，我们通过行为或产品与货币的交换来判定事物（如税收准备能力）的价值。我们的经验和知识以及市场上其他人的经验和知识，为如何合理交换一些新能力提供启示。但是以这种方式测度交换价值——通过人类的判断和市场的运转——对于一个服务系统向另一个系统提供价值来说不是必需的。

系统一起工作以提升或加强相互能力的所有方式——无论是否测度或判定——都可以看作正在进行价值创造。一些有机体可能与其他系统有共生关系，在食物上彼此完全依赖，每一方都依赖于另一方所提供的能力。双方都不能明确测度或判定所交换的是什么，但是每一方都为另一方提供服务并共同创造价值。

6.2.3 体系中使用价值和交换价值之间的区别

首先，两者的创造过程的倾向性不同：使用价值的创造围绕物体，而交换价值的创造面向其他（Marx，1867）。很明显，重点是这种区别带来一种结果，即不同种类的产品来自每一个流程。一方面，创造使用价值的目的是享受生产过程的结果（可能也包含生产过程本身），因此产生的物体是面向一个特定的用户的需求的。另一方面，创造交换价值的目的是生产一个能够销售给其他人的物体，因此产生的物体往往融入了社会价值和偏好。正如马克思观察到的那样，交换过程本质上就是一个社会过程，因此涉及社会参与者之间的协议或一方参与者对另一方的说服（Marx，1867）。因此马克思所说的“消费领域”和“交换领域”具有不同的逻辑。前者仅仅注重愉悦自己——因此趋向具有一种内在性——而后者至少

最初注重愉悦他人——因此更多地具有外在性。所以生产出来的、在人头脑中有交换价值的产品很可能融入了当前的社会现实。作为对他人价值的预测，它们只不过是重复生产社会秩序（social order）。使用价值的生产，往往很特殊，目标在于物体—用户关系。在这个意义上，使用价值的创造比交换价值的创造更具有潜力，因为使用价值的创造更有可能借由其特质挑战现有的社会价值①。

其次，使用价值和交换价值与马克思所称的“异化（alienation）/疏远（estrangement）”具有不同的关系。当消费者为他们自己生产使用价值时——比如组合（putting together）一张桌子——他们为了自己的目的而做此工作，他们从自己的劳动中获得整个价值。消费者仍然与物体保持着联系，这样的话，生产的物体是不可剥夺的（inalienable），与个人或他们所生存的环境不能分离的（Weiner，1992）。马克思提出这种联系创造了人与物体之间一种不同的连接——这种暗示已经在最近的研究中得到证实。例如，Norton 和 Ariely（2007）指出与其他人生产的事物相比，人更看重他们自己生产的物体，即使客观地讲，他人生产的事物交换价值更高。

然而，当消费者生产他们自己并不使用、但是为了交换价值而售出的事物时——如一个 T 恤的设计——它就变得脱离了他们所投入的“活”劳动。他们的劳动产生了价值，但是当这个价值转移给一个物体并被交换时，它就变成了“冻结的价值”（Marx，1867）。因此，与为了自己的使用价值而生产的物体相比，为了交换价值而生产的物体对于劳动者来说，“是不同的……是一种独立于生产者的力量”（Marx，1867）。当消费者的劳动产品被企业作为剩余价值出售时，相应地他/她就变成了生产者（或劳动者）。交换价值生产固有的异化过程，由位于价值链末端的工人在生产过程中去除了

① Ashlee Humphreys, Kent Grayson. The Intersecting Roles of Consumer and Producer: A Critical Perspective on Co－Production, Co－Creation and Presumption [J]. Sociology Compass, 2008: 1－18.

含义。比如铅版印刷术，工厂的工人只不过是价值创造机器里的一个齿轮，因此不能对整个过程赋予意义。在消费方面，有许多含义创造和分发的实例。然而，当“prosumption”成为交换价值的生产时，消费也失去了其含义，它与有意义的实例连接，如身份创造、符号处理、社会意义。这就暗示当消费者变得主要参与生产时，通过消费，世界“复魅”可以很容易觉醒（Ritzer，1999）。不仅是这些越来越容易观察到的消费空间的合理化对 Ritzer 提出的迷惑能力是一种威胁，而且这些空间的消费生产也可能会通过异化而破坏它们的迷惑性。

最后，使用价值和交换价值之间的区别与将价值分配给相关方有关。根据定义，使用价值是由使用这个物体的人享用的，因此单单属于这个使用者。与之不同的是，特别当一群个体结合进行交换价值创造时，将交换价值分配给单个生产者变成一个重要而又困难的问题（Marx，1867）。马克思最著名的理论认为劳动者最值得拥有常常来自交换的剩余价值，资本家仅仅靠剥削劳动致富。共同生产或共同创造的商品的交换价值如何（或是否）分配给参与的消费者，这个问题尚未得到充分的验证。当今在许多情况下，消费者参与交换价值的创造过程，生产者和消费者似乎都赞同消费者不应该分配部分交换价值的观点。相反，消费者因为参与（如产品开发过程）而获得的价值只是对过程作出贡献的享受。正如 Tapscott 和 Williams 声明的“对于租用一件产品，使某事物很独特，展示给他们的朋友看，让其他人采用他们的观点，人们会很兴奋”。几位营销理论学家（如 Holt，1995；Muniz & O'Guinn，2001；Schouten & McAlexander，1995）指出被共同的消费兴趣结合在一起的消费者也享受作为社区的一部分的价值。

6.3 价值共创的本质

关于价值的含义、创造过程及其决定轨迹（locus）自从亚里士多德（Aristotle）时代就开始探讨了，它对史密斯（Smith，1776）的工作以及与 S - D logic（如 Vargo & Lusch，2004a、2008）和服务科学（Spohrer et al.，2007；Maglio & Spohrer，2008）有关的工作具有重要的作用。在这期间，价值的两种广义概念已被接受：“交换价值”（value - in - exchange）和“使用价值”（value - in - use）（Vargo et al.，2008）。从历史角度来讲，使用价值已被承认为价值的真正含义，至少是直到 Smith 的国家财富标准（national wealth standard）[而不是个人（或国家）的福利标准] 为了方便重新强调交换价值。他的工作导向 G - D logic，并把价值看作是由公司及其他的供应商和中介“加入”到产品中的东西，这个概念与交换价值是一致的。因此，在 G - D logic 中，顾客被看作是这些增值活动的外源（exogenous）；事实上，顾客是价值的破坏者（消费者）①。

最近，在服务营销和 B2B 研究中人们关注的重点开始重新转向使用价值。这种价值转变认为价值是由顾客共同创造的、并由他们决定，此观点是由 Prahalad 和 Ramaswamy（2000）同样可见于 Normmann & Ramirez，1993）等提出的，S - D logic 采纳了此观点并进行了详细描述。同样地，服务科学也汲取了价值共创的观点。

S - D logic 对价值共创的理解不仅仅是指邀请顾客参与生产或设计过程（Vargo，2008）。如果顾客不将企业的供给吸收到他/她的个人生活中，就没有价值可言。尽管在最初的 S - D logic 文章

① Vargo, Akaka. Service - Dominant Logic as a Foundation for Service Science: Clarifications [J]. Service Science, 2009, 1 (1): 32 - 41.

中，Vargo 和 Lusch（2004a）使用术语“共同生产”（coproduction）而不是“价值共同创造”（cocreation of value）来代表这种整合含义，从 Lusch 和 Vargo（2006）（同样可见于 Vargo & Lusch，2006、2008）开始使用“价值共同创造”来表达在价值创造过程中的顾客（以及其他人）的合作角色（如使用价值），而顾客仅仅参与企业供给（如设计、装配、自助服务）的开发过程，在 S－D logic 中被认为是共同生产活动。由以上概念可知，顾客在共同生产中的角色是可选的，而在价值创造中的角色是必需的，因为价值永远是共同创造的。

把顾客看作是一个共同创造者是与将所有的参与方确定为资源整合者相关的。也就是说，服务系统（如企业）提供的服务（直接或通过产品）代表了需要通过整合而为另一个服务系统（如一个特定的顾客）创造价值的资源的子集（通常是一小部分）。假设通过整合一些资源来给一顿家庭餐创造营养。这不仅仅是肉商（或其他单个卖主）的服务，还包括其他市场资源，如器具、货币资源、燃料、运输等。也需求非市场资源的整合，个人资源如营养学知识、采购知识、烹饪知识、来自朋友和家庭的建议及帮助，以及公共资源如制度、食品和药物机构提供的标准等。

因此，顾客参与价值创造过程是一条比企业或企业—顾客交互更大更宽的价值创造道路，因为它暗示一方无论是独立还是交互，企业或顾客都没有充足的资源来创造价值。它意指网络中的网络关系概念，通过资源整合网会聚于价值创造。Vargo 和 Lusch（如 Vargo et al.，2009）称这些资源整合网络为服务生态系统——服务系统松散耦合系统（loosely coupled systems）。这反过来也说明价值创造的每一个实例对于一个个体服务系统是独一无二的，而且只能根据这个服务系统进行评估。

价值创造的焦点再次从一个企业的产出（和交换价值）转向由一个个体服务系统（如顾客，即使用价值）产生并唯一决定的价

值，这种转变强调了价值的一种现象和经验概念，其大多可以在S－D logic中找到“情境价值”（value－in－context）（Vargo、Maglio & Akaka，2008）。情境价值强调了以时间和地点尺度以及网络关系作为创造和决定价值的关键变量的重要性。因此，情境价值只能产生于一个特定的地方和时间，由当前的资源、获得其他集成资源的容易性以及环境现象（phenomenologically）决定。价值不可能由利益方单独创造再进行传递。

所有这些都说明服务系统的目的是向其他服务系统的价值创造过程提供输入，从而获得相应的输入。以上是通过提供服务实现的，应用资源为其他服务系统的密度作贡献。密度创造是对“未打包”、“溶解”的资源进行“再打包”，以对其进行配置供其他服务系统使用（Normann，2001）。密度是一种“为了一个特定的情境对资源的最佳整合”方法。技术（如管理、工程和IT等）增强了溶解和传递信息的能力，不仅帮助创造新的市场供给，还有助于对市场和服务系统的组成进行重新配置。在S－D logic中，密度创造是新的运营业务。

6.3.1 交互和网络

正如Lusch和Vargo（2006a）说明的，一些学者（如Achrol和Kotler，2006；Gronroos，2006；Gummesson，2006）指出，人们对价值创造和交换的交互及网络本质不够清楚。Vargo和Lusch后来也指出“S－D并不是忽略了交互和网络，而是很含蓄地处理它们”（Vargo和Lusch，2006）。

FP6中对交互倾向有清楚的描述（正如Vargo和Lusch再次声明的一样，2006）“顾客永远是价值的共同创造者。”在FP8的关系倾向中也有迹象。网络倾向更间接，如果透明的话，但是在FP2中显示的非直接交换掩盖了交换的本质，即非直接交换暗示网络或者正如 Vargo 和 Lusch 最初声明的“随着时间的逝去，交换从一对一的专业技能贸易转到垂直营销系统和不断增长的巨大的政治等级组织里的非直接技能交换”（Vargo 和 Lusch，2004）。因此，价值网和价值群，正如 Vargo 和 Lusch 后来讨论的那样（如 Lusch 和 Vargo，2006c），会继续掩盖交换的基本本质。此外，网络在最初的 FP9 中有所暗示——组织存在是为了将微专业化能力整合和转化为市场需求的复杂服务——但是在其随后的重申中变得更加明显（Lusch 和 Vargo，2006a）——“所有的经济参与者（如个人、家庭、企业、国家等）都是资源整合者”。

Vargo 和 Lusch 在以后的著作（如 Lusch 和 Vargo，2006a、2006c）和大量的陈述中使得价值创造的交互和网络以及由此对S－D logic 的相关本质更加主要、更加明显①。例如他们（如 Lusch 和 Vargo，2006c）在 2006 年展示了专门化、服务—服务交换、网络和交互之间的密切联系。“……随着劳动分工加剧，另一个重要的发展产生了个人之间的连接。因为每一个人专业化，我们变得更加依赖别人，与其他人的连接更紧密。因此市场的范围和相互连接的网络的密度都是社会中的劳动分工功能”。

他们在修订版的 FPs 中以正式的总结以及相关的详细修正说明更直接强调了交互和网络。Michel 等在非连续创新的讨论中指出价值群是很普遍的，Payne 等的管理价值共创的著作也对价值创造的网络本质的探讨做出了贡献。

6.3.2 现象和经验

Lusch 和 Vargo 曾经一直认为价值是现象决定的②。他们认为这种趋势在“服务”术语里有所暗示，正如他们定义的那样。诸如

①② Stephen L. Vargo, Robert F. Lusch. Service – Dominant Logic: Continuing the Evolution [J]. Journal of the Academy of Marketing Science, 2008, 36 (1): 1 – 10.

"消费者的感知"、"迎合更高层次的需求"、"顾客决定"、"共同创造"等术语的使用，以及对"服务"的讨论来捕获它的现象本质和特殊决定性。但是，他们承认"经验"也许是一个当时更具体、更具描述性的术语。他们关注的是市场提供者和市场受益者（价值共同创造者）之间的连接——提供服务过程——而不是如何独特地、有情境地说明价值的细节。一些人（如 Shembri，2006）将这单篇文章作为 Vargo 和 Lusch 将顾客决定价值认为是完全"纯理论"的证据。其他人，也许从 S－D logic 文献更广阔的视角中，发现连接 Vargo 和 Lusch 所提倡的和一个更易解释（interpretivistic）的视角相对容易。例如，Arnould（2006）在其论点——S－D logic 与消费者文化理论是"天生的联盟"——中承认这种连接。

无论如何，Vargo 和 Lusch 发现术语"经验"比他们最初使用的词语更贴近他们的本意。事实上，这个词语被他们慢慢越来越多地使用（Vargo 和 Lusch，2004b；Lusch 等，2007）。然而，他们发现术语"现象"更精确，或者说至少更不易受多种内涵的影响。

与此相似，Penaloza 和 Venkatesh（2006）建议使用术语"意义"（meaning）来捕捉现象解释和文化情境。像 Arnould（2006）的扩大一样，Vargo 和 Lusch 认为 Penaloza 和 Venkatesh 对 S－D logic 的详尽说明丰富了基础框架。Vargo 和 Lusch 在 FPs 的修正中更加明显地表达了他们对价值的经验/现象理解。

6.4 服务价值创造动力

那么，在知识密集型服务系统中，服务价值创造的动力到底是什么呢？据有关学者对电子商务类知识密集型服务企业的研究表明，价值创造共有四个源泉，即效率、互补性、锁定和创新[①]，如图 6.3 所示。“价值”是指在交易过程中所创造的价值总和，而不论是企业、顾客还是其他参与者创造的。

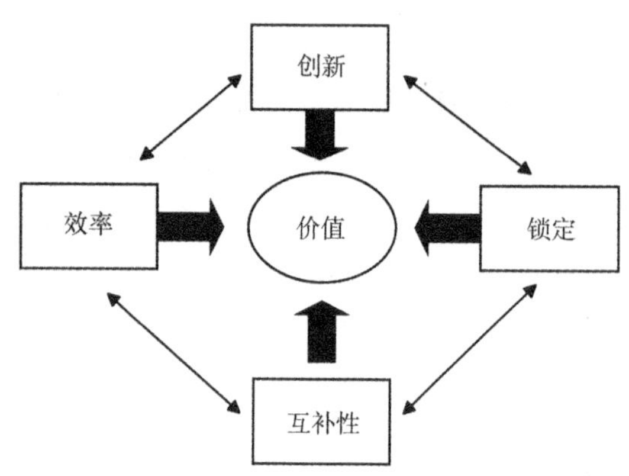

图 6.3 价值创造源泉

资料来源：Raphael Amit，Christoph Zott.

（1）效率（efficiency）

效率与交易成本理论相一致（Williamson，1975、1983、1989），单位交易成本（指的是广义成本）降低时，交易效率就会提高。因此当特定知识密集型企业的交易效率越高时，成本就会越低，因此价值就会越高。

我们可以通过多种途径提高网上业务（如电子商务公司在虚拟市场开展业务）和网下业务（如企业在传统市场开展业务）的效率。一种方法是通过提供最新的、全面的信息来降低供方和买方的信息不对称。通过互联网传递信息的速度和工具使得这种方法很方便和简单。高质的信息也能减少顾客的搜索成本、谈判费用（bargaining cost）（Lucking - Reiley & Spulber，2001）和机会主义行为

① Raphael Amit，Christoph Zott. Value Creation in E - business［J］. Strategic Management Journal，2001（22）：493 - 520.

（Williamson，1975）。此外，通过虚拟市场的杠杆调节低廉的相互连接，知识密集型企业（尤其是电子商务企业）通过更快更准的决策来提高交易效率。而且，它们通过降低分销成本、流线型库存管理和交易简单化（减少出错的可能性）以更低的成本提供更好的选择，使个人消费者在规模经济（scale economies）中从需求集中和大量购买、流线型供应链、加速交易过程和订单完成中获益，因此卖方和卖方都受益。在 Garciano 和 Kaplan（2000）的研究中发现，通过网络进行企业间汽车拍卖比网下方式节约一半的交易成本。高效的电子商务企业也能降低营销和销售成本、交易处理成本和通讯成本，企业可以通过扩展性（如增加流动于电子商务平台的交易数量）提高价值创造潜力。

Autobytel. com 正是这样一个例子。潜在的汽车购买者有不同款式的车及其经销商的成本的具体、全面的对比购买信息，因此他们可以快速地做出准确的决定。购买过程足够简单和快速，并节约了谈判费用。而卖方每笔交易的利润可能较低，销售数量增加但没有边际成本（marginal cost）。然而需要说明的是，Autobytel. com 的整个效率部分取决于它的合作伙伴的分销质量。比如，汽车经销商必须能够将产品准时提供给顾客，否则顾客做出效率低下的决定会抵销顾客决策过程中获得的效率。

在管理学文献中对高度网络化的行业获得效率有详尽的描述。比如在对高度网络化的日本企业的一项研究中表明，在许多因素中，信息流和信息不对称的减少对于降低与专用资产（specialized assets）有关的潜在交易成本具有重要的作用（Dyer，1997）。更为普遍的是，信息技术可以引导降低协调和执行交易的成本（Clemons & Row，1992）。

（2）互补性（complementarities）

互补性存在于当一堆产品一起提供比每一个产品单独提供价值之和更大的时候。在相关文献中，Brandenburger 和 Nalebuff

（1996）高度强调了提供互补产品给顾客的重要性。他们指出“你的互补企业（complementor）是指当顾客在有其他厂家的产品时比在只有你的产品时更看重你的产品（Brandenburger & Nalebuff，1996）”。企业资源观（Resource - Based View，RBV）理论也强调战略资产中互补作为价值创造的一个源泉（Amit & Schoemaker，1993）。网络理论指出在网络中参与者之间的互补的重要性（Gulati，1999）。因此，互补有望通过增加收入来提高价值。

比如电子商务企业通过向它们的顾客提供大量的互补性产品和服务来调节这种价值创造潜力。这些互补性产品可能是由合作企业提供的纵向互补（如售后服务），也可能是横向互补（如一站式one - stop 购物或相机和胶卷），常常与企业的一个核心交易直接相关。如 e - bookers 是欧洲的一个在线旅行网站，它的顾客可以获得天气信息、货币交换率信息和与免疫门诊预约，这些服务提高了核心产品（机票和旅行包）的价值，使用户很方便地使用 e - bookers 进行旅行和假期预订。

非网上资产也可以互补网上产品。通过互联网购买产品的顾客会衡量通过传统的实体零售店（bricks - and - mortar retail outlets）提供的售后服务的可能性，包括退换产品的方便性。这种网上和网下业务之间的互补其实是诸如 barnesandnoble. com 公司提供的“虚实整合”（click - and - mortar）。barnesandnoble. com 与它的实体企业之间的互补是通过向顾客提供在线浏览和订购但在实体商店收到书的机会为顾客创造价值。通过允许它的业务合作伙伴利用虚拟市场的相互连接性以通过 Barnes 和 Noble 书店设置的计算机屏幕交叉销售它们的产品，也为它的合作伙伴创造了价值。

电子商务企业也可以提供与核心交易不直接相关的互补性产品。例如，Xoom. com 推动在互联网用户之间建立社区，通过混合电子商务活动如拍卖、销售和直接营销开发客户。Xoom. com 通过提供大批量的免费互补网络服务来吸引顾客，如主页构建和托管

(hosting)、聊天室和留言板、e－mail、网络贺卡、软件下载和剪辑艺术（clip art）。这些服务与 Xoom. com 出售的产品或它们所拍卖的东西不直接相关，然而它们却很适合 Xoom. com 的社区，因为这有助于会员之间的交流。

电子商务企业也可以通过投资互补活动来进行价值创造，如供应链整合，技术之间的互补如连接一个业务的成像技术与另一个业务的网络交流技术，因此释放隐藏的价值。

价值创造源泉之间具有相互依赖性。信息技术的使用为电子商务企业开发互补性开辟了道路。电子商务企业的特点是不同企业的资源和能力交织在一起，当交易成本较低时（因此容易遭受投机主义的威胁）在经济上具有强制性。反之亦然，至少从顾客的角度，互补会导致效率增加。如果顾客可以获得与最初感兴趣的产品互补的产品和服务，效率就会提高，如通过节约搜索成本（如借助 Autobytel. com 购买汽车，会自动提供汽车保险）和提高决策。

（3）锁定（lock－in）

通过顾客参与重复交易（导致交易数量的增加）的激发程度和战略伙伴具有保持和提升他们的联合的动机程度（可能导致顾客增长的支付意愿和企业较低的机会成本）来提高电子商务企业价值创造的潜力。电子商务企业的这些价值创造属性可以通过“Lock－in”来实现。锁定可以防止顾客和战略合作伙伴转移为竞争者，因此以上述方式进行价值创造。在 Williamson（1975）的交易成本结构中用转换成本（switching cost）来说明锁定，或用网络外在性来说明锁定，在网络理论中具有其根源（Katz & Shapiro，1985；Shapiro & Varian，1999）。需要说明的是，正如 RBV 理论暗示的，一个企业的战略资产如品牌和买卖双方的信任都有助于提高锁定。

有数据表明，可以通过几种方式来提高顾客的保持力。第一，建立忠诚项目（Varian，1999），用特殊的奖金嘉奖重复顾客。美国的零售商 barnesandnoble. com 与 Master Card 相互合作奖励这种项目。第二，企业可以为业务流程、产品和服务开发占优势的设计专有权标准（如 Amazon 的专利购物手推车）（Teece，1987）。第三，企业可以与顾客建立相互信任的关系，比如通过独立的、高度可信的第三方的保证向顾客提供安全和可靠的交易。在电子商务企业里通过以上方式建立顾客信任，顾客会更倾向于保持忠诚，而不会转向竞争者。

顾客需要学习才能熟悉一个网站的界面设计。一旦这种学习开始，就会阻止顾客转向另外一个网站，因为这意味着他们需要重新开始学习（Smith、Bailey & Brynjolfsson，1999）。当定制化（由顾客发起）和个性化（由企业发起）的机会到来时，这种观点得到了印证。有关数据表明，电子商务企业通过以多种方式按照顾客需求定制产品、服务或信息来巩固锁定性。一些电子商务网站提供定制化的“单击定制”作为一个标准特征。此外，许多网上卖家利用数据挖掘方法来个性化产品、信息和服务。这些方法包括对提交的客户信息、点击流（click streams）和过去的购买进行分析，以开创个性化的店面或创造个性化的界面，引导直接广告、目标邮件和促进交叉销售。如网上电子零售商 Cyberian Outpost 运用点击分析软件和过往购买分析进行有效的交叉销售，甚至在结账时还向顾客推荐推动项目（如“附加软件”）。

虚拟市场也使电子商务企业创造虚拟社区，联结参与者到一个特定的电子商务企业（Hagel & Armstrong，1997）。这种社区频繁开展对大范围话题的互动活动，因此创造了忠诚，加强了交易频率（如 Verticalnet. com）。上述方法如何使用和杠杆调节虚拟市场的独特特性，如高度的相互连接性、信息处理的速度和地理限制的缺乏。鉴于虚拟市场可达到的巨大范围，电子商务企业常常连接大量的参与者参与到商业交易中来。因此可以称之为网络发生器（generator）。网络可以展示外在性，因为连接到网络的一方的生产或消费活动对网络中其他参与者的生产或效用功能产生影响，这种影响

不是通过价格机制进行传播的。网络外在性常常被理解为积极消费外在性，即“用户从产品消费中获得的效用随着其他消费产品的代理商的数量而增加”（Katz & Shapiro，1985）。因此在讨论网络外在性时，只是指消费外在性。在电子商务环境里，网络外在性存在于当为顾客创造的价值随着客户群的大小增加时的情况。

作为价值创造的源泉，效率和互补性也有助于促进锁定。一个电子商务企业的效率特征和互补性的产品和服务能够吸引和保留顾客和合作伙伴。提供的相关利益越高，他们坚持或加入电子商务企业建立的网络的动机越大。网络效应固有的不断增加的回报特性放大了企业提供的相关利益，因此引起了积极的动态反应。

相反，当一个电子商务企业创造了锁定性，这也会对它的效率和提供互补性的程度产生积极影响。比如，许多拍卖站点可以让购买者对卖方进行比价。这种特性增加了购买者对交易公平的信任，因此增强坚持性。这种特性也使重复销售方避免欺骗的动机更强烈，这将明显提高交易效率。此外，锁定的强大潜力驱使知名度高的（high - profile）合作伙伴为互补产品和服务作出贡献，因为大量（重复）业务的美好前景（promise）。因此作为价值创造的源泉，锁定、效率和互补性之间具有重要的关系。一个电子商务企业的潜在价值取决于所有这些价值驱动的联合作用。

（4）创新

Schumpeter（1934）对创新的价值创造潜力有详尽的论述。引入新产品或服务，生产、分销或营销的新方法或开发新市场是传统的通过创新实现的价值创造源泉。有研究数据表明电子商务企业也对它们做生意的方式进行创新，即在交易的结构方面进行创新。如eBay是第一个大规模引进顾客对顾客拍卖的公司。在这个体系中，即使是低价值的项目也可以在个人消费者之间成功交易。Priceline. com引入了相反市场，在那里，个人购买者向卖方显示他们的购买需求和预定价格。这些公司都引入了管理和排列商业交易的新方法。他们通过如下方式创造价值：连接之前未连接的参与方，通过采纳创新交易方法来消除购买和销售过程中的无效率，捕捉消费者的潜在需求或（和）创造整个新市场。电子商务企业识别并以创新的方式吸纳有价值的新互补性产品和服务到自己的提供物里，形成新的交易内容（如产品、服务和信息等）。除此之外，其他创新方式有恰当地选择新参与者、建立参与者之间的新联系等。

模型中的两个价值驱动——创新和锁定以两种重要的方式连接在一起。第一，电子商务企业创新者（innovator）在吸引和保持顾客方面具有优势，尤其是当与一个知名的品牌相关时。第二，首先进入市场是获得以增长回报为特征的市场成功的先决条件（Arthur，1996；Shapiro & Varian，1999）。首先进入市场者在发起来自网络外在性的积极动态反馈方面具有有利的位置（Katz & Shapiro，1985；Arthur，1990），比其他人抢先获得大量关键的供应商和（或）顾客。在赢者占据市场的时代，抢先进入一个新市场是非常必要的（Shapiro & Varian，1999）。

创新与互补性也相互连接。一些电子商务企业的主要创新来自于它们的互补性元素，如联合的资源和能力（Schumpeter，1934；Penrose，1959；Moran & Ghoshal，1999）。

创新与效率之间也有重要的关系。电子商务企业的某个效率特征归因于在虚拟市场里创造和开发的创新资产。例如，欧洲公司Artnet. com进行网上艺术品拍卖，通过顾客可进入的交易数据库（包括价格信息）的维护和开发来减少艺术品买方和卖方之间的信息不对称（是传统严重无效率的根源）。这种信息服务允许拍卖的参与者设定基准来（benchmark）反对当前的交易对历史艺术品的销售，这一点在艺术品拍卖行业是个创新。它也通过减少因信息性问题导致的市场失灵而提高交易效率。

上述共介绍了电子商务企业价值创造的四个根源，因此在衡量该类企业的价值创造潜能时，应均衡考虑每一个方面的潜能。换句

话说，我们应该将各种各样的结构整合在一起，尤其是价值创造的战略管理和企业家理论的结合（Hitt & Ireland，2000；McGrath & MacMillan，2000）。如 Gulati（1999）和 Afuah（2000）开始成功地综合 RBV 和战略网络理论，强调网络参与者的资源和能力对企业绩效的重要性。Jones、Hesterly & Borgatti（1997）开始整合交易成本经济学和网络理论，认为它们使价值创造具有弹性，加强合作，创造信任，在特异性资产、不确定的需求和复杂频繁的任务条件下产生了网络。这些工作前景广阔，是我们进一步从理论上理解财富创造现象的重要步骤。

6.5 本章小结

本章首先在前几章的研究基础之上构建了知识密集型服务系统之间的服务价值共创体系，并区别了使用价值和交换价值；其次剖析了价值共创的本质；最后探究了知识密集型服务尤其电子商务的服务价值创造动力，为后面的评价奠定了研究基础。

7　知识密集型服务系统的服务价值共创能力综合评价

7.1　评价的目的和意义

服务价值共创能力的高低，直接影响甚至可以说决定了知识密集型服务企业的服务效率和效果，以及满足客户差异性需求的柔性程度等。从某种程度上来讲，服务价值共创能力可谓是知识密集型服务系统的核心竞争能力，直接决定了企业区别于其竞争对手的关键能力。通过全面评价服务价值共创能力，使知识密集型服务企业能够快速认识到自己在同行业中所处的位置和水平，明确意识到本企业在服务价值共创能力方面的总体水平以及每一部分的优、劣势，以便采取相应的改进措施，提高整体服务价值共创能力。

7.2　评价方法

关于知识密集型服务系统的服务价值共创能力评价指标体系是多层次、多分支的，各指标的重要程度及其对评价的影响程度也不尽相同。因此在进行评价前首先要对这些指标进行分析，按其重要性确定权重系数，然后确定综合评价的方法与模型，使整个评价过程科学化、系统化。本书采用层次分析法对知识密集型服务系统的服务价值共创能力指标体系各层进行权重的确定①。

7.2.1 层次分析法

在确定各级指标的权重系数时应用了层次分析法。层次分析法（Analytic Hierarchy Process，AHP），是用于处理有限个方案的多目标决策方法，它是由美国著名运筹学家萨蒂（T. L. Saaty）教授于20世纪70年代末提出来的。应用AHP进行系统分析与综合评价，可以为项目评价、课题立项、决策等问题提供一种操作简单、科学合理的方法。评价、决策的实质是进行比较，但对于缺乏公度性的多目标评价、决策问题来说，由于无法用一个统计尺度去衡量比较各个不同目标，因此，唯一可行的办法是进行两两比较。通过两两比较后的结果填入判断矩阵，求解判断矩阵的特征值和特征向量，然后确定各目标重要性的加权系数。

层次分析的基本方法是建立层次结构模型。建立层次模型，首先要对所要解决的问题有明确的认识，弄清它涉及哪些因素，如目标、分目标、部门、约束、可能情况和方案等，以及各因素相互之间的关系。其次将评价决策问题层次化。将评价决策问题划分为若干个层次，第一层是总目标层，即想要达到的目标；中间层称为准则层；最低层一般是具体评价指标或解决问题的方案，称为方案层。建立层次模型后，可以在各层元素中进行两两比较，构造出判断矩阵。判断矩阵是定性到定量的过渡环节，再通过求解判断矩阵的特征向量并对判断矩阵的一致性进行检验，检查决策者在构造判断矩阵时判断思维是否具有一致性。通过一致性检验后，便可将按归一化处理过的特征向量作为某一层次对上一层次某因素相对重要程度的排序加权系数，然后从高层次到低层次逐层计算排序权重系

① 秦寿康等．综合评价原理与应用［M］．北京：电子工业出版社，2003.

数，得出层次总排序。

7.2.2 模糊综合评价法

模糊综合评价（Fuzzy Comprehensive Evaluation，FCE）是对受多种因素影响的事物做出全面评价的一种十分有效的多因素决策方法，其特点是评价结果不是绝对地肯定或否定，而是以一个模糊集合来表示。

模糊综合评价的基本模型如下：

设综合评价因素的集合为：

$U = \{u_1, u_2, \cdots, u_m\}$

评语的集合为：

$v = \{v_1, v_2, \cdots, v_n\}$

则因素集和评语集之间的模糊关系可用评价矩阵 R 来表示。

$\underset{\sim}{R} = (r_{ij})_{m \times n}$

其中，$r_{ij} = \mu_R(u_i, v_j)$，表示从因素 u_i 着眼该事物能评为 v_j 的隶属度，亦即 r_{ij} 为因素 u_i 的评价对等级 v_j 的隶属度，因而 $\underset{\sim}{R}$ 中的第 i 行 $\underset{\sim}{R}_i = (r_{i1}, r_{i2}, \cdots, r_{in})$ 是第 i 个因素 u_i 的单因素评判，是 V 上的模糊子集。

设因素集合 U 上的因素模糊子集为：

$\underset{\sim}{A} = \sum_{i=1}^{m} a_i / u_i \qquad 0 \leqslant a_i \leqslant 1$

其中，a_i 为 u_i 对 $\underset{\sim}{A}$ 的隶属度，它就是对单因素 u_i 在总评定因素中所起作用大小的度量，也在一定程度上代表根据单因素 u_i 评定等级的能力。

设评语集合 V 上的等级模糊子集为：

$\underset{\sim}{B} = \sum_{i=1}^{n} b_i / v_i \qquad 0 \leqslant b_i \leqslant 1$

其中，b_i 为等级 v_i 对综合评判所得子集 $\underset{\sim}{B}$ 的隶属度，亦即综合评判的结果。

模糊子集 $\underset{\sim}{A}$ 和 $\underset{\sim}{B}$ 可简化表示为模糊向量：

$\underset{\sim}{A}=(a_1, a_2, \cdots, a_m)$

$\underset{\sim}{B}=(b_1, b_2, \cdots, b_n)$

当模糊向量 $\underset{\sim}{A}$ 和模糊关系矩阵 $\underset{\sim}{R}$ 为已知时，综合评判的结果 $\underset{\sim}{B}$ 为 $\underset{\sim}{A}$ 与 $\underset{\sim}{R}$ 的复合，即：

$\underset{\sim}{B}=\underset{\sim}{A}\cdot\underset{\sim}{R}$

在广义模糊运算下，$\underset{\sim}{B}$ 的元素为：

$$b_j=\sum_{i=1}^{m}{}^{+} a_i * r_{ij}=(a_1 * r_{1j}) * (a_2 * r_{2j}) * \cdots * (a_m * r_{mj})$$

$(1\leq j\leq n)$

其中，$*$ 为广义模糊和算子，例如 $\vee$，$\hat{+}$，$\oplus$，$\overset{+}{\varepsilon}$ 等；$\overset{+}{*}$ 为广义模糊交算子，例如 $\wedge$，$\cdot$，◉，ε 等；Σ^{+} 为广义模糊和号。简记为模型 $M(\overset{+}{*}, *)$。

这种广义模糊运算原则上有多种，综合评判的结果得到一个等级模糊子集：

$$\underset{\sim}{B}=\sum_{i=1}^{n} b_i/v_i$$

其中，b_i 为等级 v_i 对 $\underset{\sim}{B}$ 的隶属度，可以简单地采用最大隶属原则，即若 $b_{in}=\max_{i}(b)$，则认为评判等级为 v_{i0}。

模糊综合评判在具体运用时也可以是多级评判，对评判的结果向量也可以作进一步处理。

7.2.3 层次分析—模糊综合评价的过程

层次分析—模糊综合评价经过以下几个主要过程：

（1）建立评价专家组

为了能准确地反映专家的意见，专家组一般由领域专家、高层管理人员和用户组成。专家组组成后，根据实际需要确定评语集。

按照从高到低的顺序将服务价值共创能力划分为 i 个等级：1 级最高，2 级次之……并分别以 v_1，v_2，…，v_i 表示，则其评语集为：

$V=(v_1, v_2, \cdots, v_i)$

（2）运用层次分析法确定权重

1）建立层次结构模型。对所研究的问题所包含的因素划分为不同层次，如目标层、准则层、方案层等，构建递阶层次结构模型。用不同形式的框图表明层次的递阶结构和元素的从属关系。应该突出重点，抓住关键因素。

2）构造判断矩阵。判断矩阵是层次分层法的核心，判断矩阵是通过两两比较得出来的。设 W_i 表示某层第 i 个目标对于上层某一目标的重要性权重，可以两个方案（或子目标）的相对重要性为矩阵的元素。它们组成的矩阵 A 称为判断矩阵。

$$A=\begin{Bmatrix} \frac{W_1}{W_1} & \frac{W_1}{W_2} & \cdots & \frac{W_1}{W_n} \\ \frac{W_2}{W_1} & \frac{W_2}{W_2} & \cdots & \frac{W_2}{W_n} \\ \cdots & \cdots & \cdots & \cdots \\ \frac{W_n}{W_1} & \frac{W_n}{W_2} & \cdots & \frac{W_n}{W_n} \end{Bmatrix}$$

设 $a_{ij}=\frac{W_i}{W_j}$，则判断矩阵中的元素 a_{ij} 具有如下性质：

①$a_{ij}=\frac{W_i}{W_j}$；

②$a_{ij}=\frac{1}{a_{ij}}$；

③$a_{ij}=a_{ik}\cdot a_{kj}$

a_{ij} 可以利用决策者的知识和经验估计出。由于决策者的估计并不一定是很精确的，第三条性质不一定成立。在实际应用中常请一组专家分别进行估计，然后取其平均值。

判断矩阵中元素 a_{ij} 的确定，常依据表 7.1 进行。

表 7.1　绩效评价评分

a_{ij}	两目标相比
1	同样重要
3	稍微重要
5	明显重要
7	重要得多
9	极端重要
2，4，6，8	介于以上相邻两种情况之间
以上各倒数	两目标反过来比较

例如，对于某一层次的子目标 2 和子目标 4，如果认为子目标 2 稍微重要于子目标 4，则 $a_{24}=3$，$a_{42}=\frac{1}{3}$；如果子目标 2 明显重要于子目标 4，则 $a_{24}=5$，$a_{42}=\frac{1}{5}$。

3）确定权重的方法。由判断矩阵 A 确定权重 W^i，采用特征向量中的和积法。对于 n 阶矩阵 A，又矩阵理论有：AW = ηW 式中，W 为向量，且 $W=(W_1,W_2,\cdots,W_n)^r$，η 为判断矩阵 A 的特征根，W 为特征根所对应的特征向量。

对于满足判断矩阵元素的三个性质的判断矩阵，被称为完全一致性判断矩阵，此时，判断矩阵的最大特征根 $\lambda_{max}=n$，其余特征根为 0；对于通过两两对比的方法构造出的多目标决策问题的判断矩阵，常常不满足第三个性质，因而不一定是完全一致性判断矩阵。若离完全一致性不远，则判断矩阵基本可用，但不能以 n 作为最大特征根，应设法求出相应的特征向量，作为判断优先权数。因此，在构造好了判断矩阵之后，既要检验判断矩阵的一致性，还要求出最大特征根及其所对应的特征向量，下面介绍具体步骤。

设判断矩阵：

$$A=\begin{bmatrix} a_{11} & a_{12} & \cdots & a_{1n} \\ a_{21} & a_{22} & \cdots & a_{2n} \\ \cdots & \cdots & \cdots & \cdots \\ a_{n1} & a_{n2} & \cdots & a_{nn} \end{bmatrix}$$

①将判断矩阵每一列归一化：

$$\bar{a}_{ij}=\frac{a_{ij}}{\sum_{i=1}^{n}a_{ij}} \qquad (i,\ j=1,\ 2,\ \cdots,\ n)$$

②将每一列经归一化后的矩阵按行相加：

$$M_i=\sum_{i=1}^{n}\bar{a}_{ij} \qquad (i=1,\ 2,\ \cdots,\ n)$$

③将向量 $M=(M_1,\ M_2,\ \cdots,\ M_n)^r$ 归一化：

$$W_i=\frac{M_i}{\sum_{j=1}^{n}M_j} \qquad (i=1,\ 2,\ \cdots,\ n)$$

所求得的 $W=(W_1,\ W_2,\ \cdots,\ W_n)^r$ 为特征向量。

④计算判断矩阵最大特征根 $\lambda_{max}=\sum_{I=1}^{N}\frac{(AW)_i}{nW_I}$，式中 $(AW)_i$ 表示向量 AW 的第 i 个元素。

4）一致性检验是通过一致性指标和检验系数进行的。

一致性指标 $CI=\frac{\lambda_{max}-n}{n-1}$

检验系数 $CR=\frac{CI}{RI}$

其中，RI 是平均一致性指标，可以通过表 7.2 查得。一般地，当 $CR<0.1$ 时，可以认为判断矩阵具有满意的一致性；否则，需要重新调整判断矩阵。

表 7.2 绩效评价一致性指标

阶数	3	4	5	6	7	8	9	10
RI	0.58	0.90	1.12	1.24	1.32	1.41	1.45	1.49

5）层次加权。

设某评价、决策问题为 m 层目标（不包括总目标），把各具体指标、方案作为 m+1 层，每相邻两层之间具有完全的层次关系，且设第 i 层目标有 n_i 个，第 i+1 层目标（或方案）有 n_i+1 个，用 $W^{(j)}$ 表示这两层之间的权重矩阵，则它有 n_j 行 n_j+1 列。

设各最下层目标对总目标的权重分别为 W_1，W_2，…，W_n。$W=(W_1, W_2, \cdots, W_n)$，W 可按下式计算：

$W=W^{(0)}W^{(1)}W^{(2)}\cdots, W^{(n)}$

即可得出各最下层目标关于总目标的权重系数。

在实际计算中，一般按表格形式计算较为简便。设相邻两层次中，层次 A 包含有 m 个元素 A_1，A_2，…，A_m，B 层包含 n 个元素 B_1，B_2，…，B_n。上一层次元素总排序权重分别为 w_1，w_2，…，w_m，下一层次元素关于上一层次元素 A_j 的层次但排序权重向量为 $(b_{1j}, b_{2j}, \cdots, b_{nj})^T$。层次 B 的总排序权重值计算由表 7.3 给出。

表 7.3　绩效评价权重

层次 A / 权重 / 层次 B	A_1　$A_2 \cdots A_m$	层次 B 总排序
	w_1　$w_2 \cdots w_m$	
B_1	b_{11}　$b_{12} \cdots b_{1m}$	$\sum_{j=1}^{m} w_j b_{1j}$
B_2	b_{21}　$b_{22} \cdots b_{2m}$	$\sum_{j=1}^{m} w_j b_{2j}$
…	…	…
B_n	b_{n1}　$b_{n2} \cdots b_{nm}$	$\sum_{j=1}^{m} w_j b_{nj}$

（3）确定指标的隶属度

评价结果用隶属度矩阵 R 表示：

$R=(r_{ij})_{m \times 1}$

在矩阵 R 中，r_{ij} 表示在第 i 个评价指标上，对它第 j 等级评定

的人数占全部专家组人数的百分比，即：

$$r_{ij}=\frac{d_{ij}}{D}$$

其中，d_{ij}表示在第 i 个评价指标上，对它作出第 j 等级评定的人数，D 表示全部专家组人数。m 为指标数，l 为评定等级数。

（4）计算评价值

在隶属度矩阵 R 获得后，可以计算服务价值共创能力的综合评价向量 S。为了在模糊综合评价中能适当兼顾各因素，并保留单因素评价中的全部信息，可以采用综合评判的加权平均型——M（.，+）模型以获得较好的效果，即：

$$S=W_c^aR$$

其中，W_c^a 为方案层指标 C 对目标层目标 A 的综合权重。若对评语集量化，则综合评价值为：

$$P=V\cdot S^T$$

由上式计算得出的评价值量化地表示了某一服务价值共创能力的等级值，从而可以实现对服务价值共创能力的评价。

7.3 评价指标体系的构建

7.3.1 评价指标体系的设置原则

在建立其评价指标体系或评价模型时，一般要遵循以下原则：

（1）科学性原则

要科学地选取评价指标及权数，采用科学合理的评价方法，使评价结果客观、真实。设计的指标要便于纵向和横向的对比，尽量减少人为因素的干扰，减小误差，从而保证指标具有科学性和权威性。

（2） 整体性原则

评价指标的选择应该涉及评价对象的各个方面，不能出现片面性，并应合理构造层次数量和指标数量。

（3） 操作性原则

尽量选取与目标关联最紧密的重要指标反映较全面的情况，指标设置需精简并具有概括性且指标数据便于采集。

（4） 可比性原则

指标体系中同一层次的指标应该满足可比性的原则，即具有相同的计量范围、计量口径和计量方法，指标取值宜采用相对值，尽可能不采用绝对值。这样使得指标既能反映实际情况，又便于比较优劣。同时，指标与指标体系设置时应使其在一定时期内，在涵义、范围、方法等方面保持相对的稳定性，以使评价结果具有可比性，从而确定企业自身在同行业中、同规模企业中以及在国民经济中所处的水平和地位，以便找出差距，挖掘潜力。

（5） 定性与定量结合的原则

指标设置时应该考虑既有定性指标又有定量指标。定性指标要含义明确，并按照某种标准对其赋值，使其能够恰如其分地反映指标的性质。定性指标和定量指标都必须有明确的概念和确切的计算方法。

7.3.2 指标体系的层次结构

知识密集型服务系统的服务价值共创能力的指标体系由多层次的多项指标构成，其具体层次分为：

（1） 目标层

即最高层次，服务价值共创能力指标体系的最高层，即服务价值共创能力（A）。

（2）准则层

目标层分解为三个子系统层：价值实现程度（A_1）、服务交互能力（A_2）和基本保障能力（A_3）。

（3）主题层

分别将各准则层分解为若干个主题：价值实现程度由财务绩效水平（B_1）、顾客忠诚度（B_2）、顾客满意度（B_3）三个主题构成；服务交互能力由扩展性（B_4）、顾客价值性（B_5）、独特性（B_6）、关联性（B_7）四个主题构成；基本保障能力由知识与技能技术水平（B_8）、组织结构水平（B_9）、服务管理与文化水平（B_{10}）三个主题构成。

（4）指标层

指标层由构成各个主题的具体指标构成。

7.3.3 评价指标体系

根据以上原则和层次结构，构建的知识密集型服务系统的服务价值共创能力的评价指标体系如图 7.1 所示。

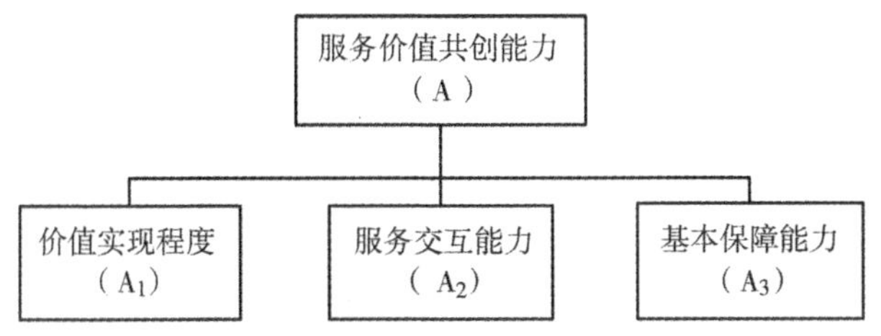

图 7.1 服务价值共创能力的评价指标体系

指标说明：顾客忠诚[①]是指“高度承诺在未来一贯地重复购买

① Oliver R L. Whence Consumer Loyalty? [J]. Journal of Marketing, 1999, 63 (Special Issue): 33－44.

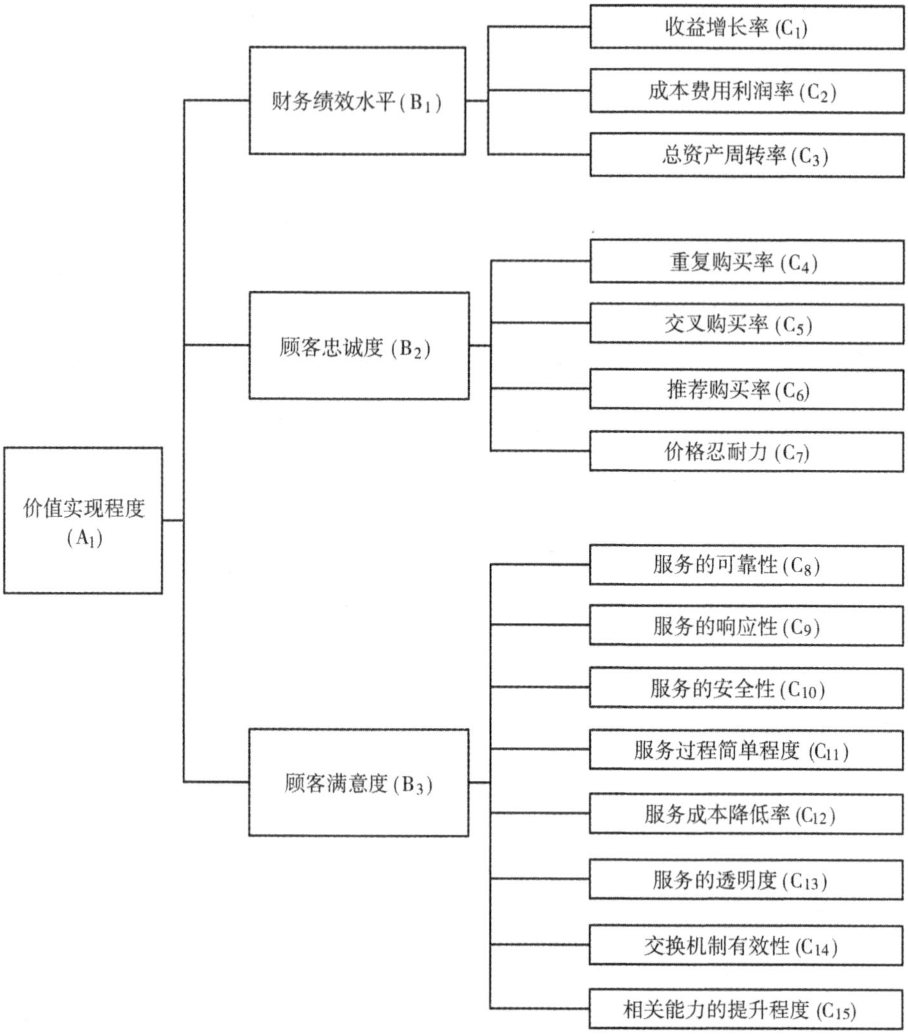

- 价值实现程度 (A_1)
  - 财务绩效水平 (B_1)
    - 收益增长率 (C_1)
    - 成本费用利润率 (C_2)
    - 总资产周转率 (C_3)
  - 顾客忠诚度 (B_2)
    - 重复购买率 (C_4)
    - 交叉购买率 (C_5)
    - 推荐购买率 (C_6)
    - 价格忍耐力 (C_7)
  - 顾客满意度 (B_3)
    - 服务的可靠性 (C_8)
    - 服务的响应性 (C_9)
    - 服务的安全性 (C_{10})
    - 服务过程简单程度 (C_{11})
    - 服务成本降低率 (C_{12})
    - 服务的透明度 (C_{13})
    - 交换机制有效性 (C_{14})
    - 相关能力的提升程度 (C_{15})

图 7.2　价值实现程度的评价指标体系

偏好的产品或服务，并因此产生对同一品牌系列产品或服务的重复购买行为，而且不会因为市场态势的变化和竞争性产品营销努力的吸引而产生转移行为”。通俗地讲，客户忠诚度就是客户保持与现有供应商交易关系的强烈意愿。重复购买意向、交叉购买意向和推荐购买意向是度量客户忠诚度的三种行为表现，价格忍耐力是客户

忠诚度的另一个心理度量指标，反映了忠诚客户支付意愿的极限，忠诚的客户愿意支付的价格越高，客户忠诚水平越高，支付意愿越高[①]。顾客满意度是指客户对服务过程和售后服务的总体评价。根据服务利润链理论，这三个二级指标的关系是：顾客满意度驱动顾客忠诚度，顾客忠诚度驱动利润和增长。

指标说明：相关最终服务项目数量是指相关的现有或潜在的最终服务数量之和；相关产业是指相关服务所涉及的产业；相关最终服务的利润贡献率是指相关最终服务的利润总额与企业利润总额之比；综合度即该项竞争能力有机融合各种技术和生产技能的能力；保密度即服务企业对该项竞争能力的对外保密程度；技术领先度即服务企业对该项竞争能力所含的技术领先当前平均技术水平的程度；创新速度即服务企业对该项竞争能力所含的技术水平进行创新的速度。

指标说明：整合程度包括对能力、资源、技术和信息的整合程度；组织结构的扁平化有利于信息在组织间及时、高效地流动，提高管理效率和对市场机会的反应速度，降低管理成本；组织网络性使组织柔性化、服务企业部门之间达到信息共享以及部门之间功能更易整合；组织柔性化主要体现在员工柔性和结构柔性，员工柔性主要是指员工的学习和适应能力，是企业有形资产中最具柔性的资源，可以增强企业的顾客需求管理能力，更好地应对各种随机现象，结构柔性可以有效地节约企业的管理成本；情境管理包括对竞争、社会、经济、政治环境的管理。

① Reichheld F F. The Loyalty Effect—the Relationship Between Loyalty and Profits [J]. European Business Journal, 2000, 12 (3): 173-179.

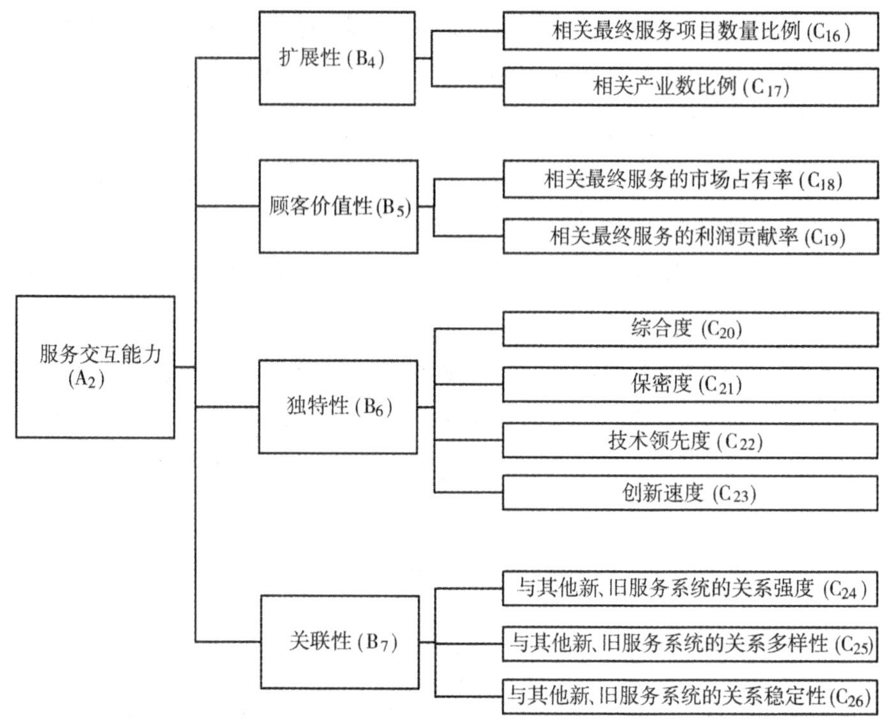

图 7.3 服务交互能力的评价指标体系

7.4 实证研究

7.4.1 企业背景

本书选取某电子商务类企业进行实证分析。这里的电子商务类企业含义比较广泛，指其至少 10% 的税收来自通过互联网进行管理的交易。这种类型的企业包括网络服务营运商（如欧洲的 ISP freeserve）以及那些并没有将其所有的内部业务流程与互联网连接却仅仅将互联网作为一个销售渠道的企业（如语音识别软件公司 Lernout 和 Hauspie）。另外，本案例中定义的电子商务类企业不包

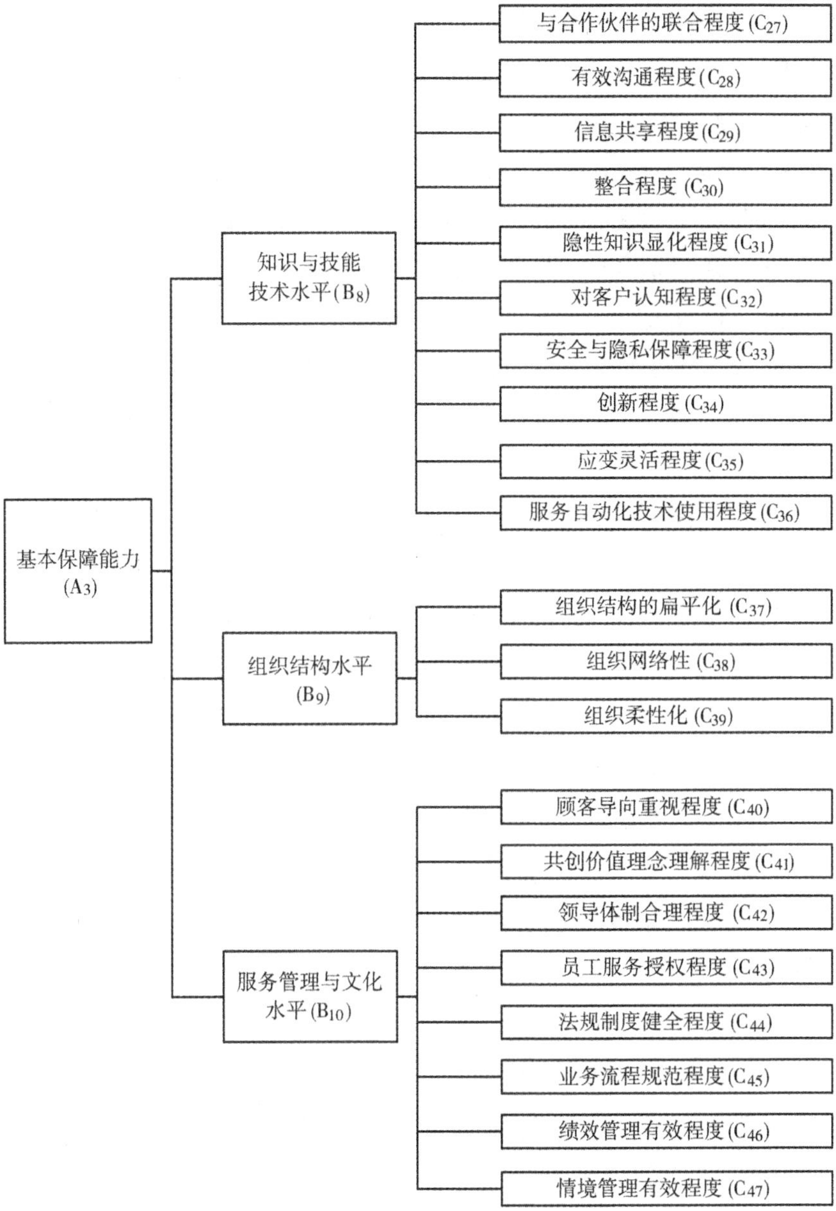

- 基本保障能力 (A3)
  - 知识与技能技术水平 (B8)
    - 与合作伙伴的联合程度 (C27)
    - 有效沟通程度 (C28)
    - 信息共享程度 (C29)
    - 整合程度 (C30)
    - 隐性知识显化程度 (C31)
    - 对客户认知程度 (C32)
    - 安全与隐私保障程度 (C33)
    - 创新程度 (C34)
    - 应变灵活程度 (C35)
    - 服务自动化技术使用程度 (C36)
  - 组织结构水平 (B9)
    - 组织结构的扁平化 (C37)
    - 组织网络性 (C38)
    - 组织柔性化 (C39)
  - 服务管理与文化水平 (B10)
    - 顾客导向重视程度 (C40)
    - 共创价值理念理解程度 (C41)
    - 领导体制合理程度 (C42)
    - 员工服务授权程度 (C43)
    - 法规制度健全程度 (C44)
    - 业务流程规范程度 (C45)
    - 绩效管理有效程度 (C46)
    - 情境管理有效程度 (C47)

图 7.4 基本保障能力的评价指标体系

括提供与互联网有关的硬件或软件的公司，也就是不包括那些为电子商务提供帮助但本身不参与活动的企业（如骨干网交换机制造商Packet Engines Inc.）。而且本案例中的电子商务类企业是有个人消费者参与交易的。

某电子商务网站发布于2000年，销售音像、图书、软件、游戏、礼品等文化产品，秉承“创新、务实、诚信”的企业理念，企业的价值观是“在盈利中成长，以客户为中心”，以“精选品种、全场库存、快捷配送”为主要经营模式，迄今已发展注册用户520万，日销量达到12000单，年营业额达到2亿元，其中B2C销售收入占到96%，毛利率接近30%。

7.4.2 评价过程

本书采用模糊综合评判法对上述企业进行实证研究。首先采取层次分析法确定体系三个层级的权重；然后采用专家评价打分法，对体系三个层级指标进行综合打分，得到三个层级指标模糊矩阵，从而得到各层级综合评价向量，以便于分析。

首先，将评价的一级指标因素集表示为A，其中$A=(A_1, A_2, A_3)$，$A_1=(B_1, B_2, B_3)$，$A_2=(B_4, B_5, B_6, B_7)$，$A_3=(B_8, B_9, B_{10})$，将评价的二级子指标归纳为一个因素集B，其中$B=(B_1, B_2, \cdots, B_{10})$，$B_1=(C_1, C_2, C_3)$，$B_2=(C_4, C_5, C_6, C_7)$，…，$B_{10}=(C_{40}, C_{41}, \cdots, C_{47})$。

其次，进行模糊综合评价时采用专家调查法，方法是制作专家评分调查表，对每一具体评价对象的每项指标根据专家经验进行认定，统计多位专家调查表情况得到各个因素对应等级的频数，经过归一处理，得到各个因素对应等级的隶属度，从而得到单因素评价矩阵，即隶属度=（认为因素i属于第j评语的人数）/（参加评定的专家总人数）。本例邀请10位专家参与打分，评语集J=（显著，较好，一般，较差，很差）。

1）对于 B_1，先建立第一个子因素集评价三级子指标元素对 B_1 的判断矩阵 C_{1-3}，采取层次分析法计算各级权重；将调查问卷统计分析后，得到如下判断矩阵（专家打分后取其平均值即本书中的原始数据），并计算相应的权重，如表 7.4 所示。

表 7.4　B_1 的判断矩阵及相应的权重

B_1	C_1	C_2	C_3	权重
C_1	1	1	2	0.408
C_2	1	1	4/3	0.357
C_3	1/2	3/4	1	0.235

经一致性检验，得 $\lambda_{max}=3.020$，$CI=0.010$，$CR=0.018<0.1$。

同理，得出其他三级子指标元素对 B_2，B_3，…，B_{10} 的判断矩阵及相应的权重，如表 7.5 至表 7.13 所示。

表 7.5　B_2 的判断矩阵及相应的权重

B_2	C_4	C_5	C_6	C_7	权重
C_4	1	1	2/3	2	0.250
C_5	1	1	2/3	2	0.250
C_6	3/2	3/2	1	3	0.375
C_7	1/2	1/2	1/3	1	0.125

经一致性检验，得 $\lambda_{max}=4$，$CI=0$，$CR=0<0.1$。

表 7.6　B_3 的判断矩阵及相应的权重

B_3	C_8	C_9	C_{10}	C_{11}	C_{12}	C_{13}	C_{14}	C_{15}	权重
C_8	1	1	1	2	2/3	2	2/3	2/3	0.119
C_9	1	1	1/2	2	2/3	2	2/3	2/3	0.111
C_{10}	1	2	1	2	2/3	2	2/3	2/3	0.132
C_{11}	1/2	1/2	1/2	1	1/2	1	1/2	1/3	0.066

续表

B_3	C_8	C_9	C_{10}	C_{11}	C_{12}	C_{13}	C_{14}	C_{15}	权重
C_{12}	3/2	3/2	3/2	2	1	2	1	1	0.162
C_{13}	1/2	1/2	1/2	1	1/2	1	1/3	1/3	0.063
C_{14}	3/2	3/2	3/2	2	1	3	1	1	0.170
C_{15}	3/2	3/2	3/2	3	1	3	1	1	0.177

经一致性检验，得 $\lambda_{max}=8.082$，$CI=0.012$，$CR=0.008<0.1$。

表 7.7　B_4 的判断矩阵及相应的权重

B_4	C_{16}	C_{17}	权重
C_{16}	1	3/4	0.429
C_{17}	4/3	1	0.571

经一致性检验，得 $\lambda_{max}=2$，$CI=0$，$CR=0<0.1$。

表 7.8　B_5 的判断矩阵及相应的权重

B_5	C_{18}	C_{19}	权重
C_{18}	1	1/2	0.333
C_{19}	2	1	0.667

经一致性检验，得 $\lambda_{max}=2$，$CI=0$，$CR=0<0.1$。

表 7.9　B_6 的判断矩阵及相应的权重

B_6	C_{20}	C_{21}	C_{22}	C_{23}	权重
C_{20}	1	1	2/3	2/3	0.198
C_{21}	1	1	2/3	1/2	0.184
C_{22}	3/2	3/2	1	3/4	0.276
C_{23}	3/2	2	4/3	1	0.342

经一致性检验，得 $\lambda_{max}=4.011$，$CI=0.004$，$CR=0.004<0.1$。

表 7.10 B_7 的判断矩阵及相应的权重

B_7	C_{24}	C_{25}	C_{26}	权重
C_{24}	1	1/2	1	0.261
C_{25}	2	1	1	0.411
C_{26}	1	1	1	0.328

经一致性检验，得 $\lambda_{max}=3.054$，$CI=0.027$，$CR=0.046<0.1$。

表 7.11 B_8 的判断矩阵及相应的权重

B_8	C_{27}	C_{28}	C_{29}	C_{30}	C_{31}	C_{32}	C_{33}	C_{34}	C_{35}	C_{36}	权重
C_{27}	1	1	1/2	1/2	1	1/2	1/2	2	2	1	0.089
C_{28}	1	1	1/2	1/2	1	1	1/2	1/2	1	1/2	0.066
C_{29}	2	2	1	1	2	2	1	1	2	1/2	0.126
C_{30}	2	2	1	1	2	2	1	1	2	1	0.133
C_{31}	1	1	1/2	1/2	1	1	1/2	1	1	1	0.077
C_{32}	2	1	1/2	1/2	1	1	1	1	2	1	0.097
C_{33}	2	2	1	1	2	1	1	1	2	1	0.124
C_{34}	1/2	2	1	1	1	1	1	1	2	2	0.115
C_{35}	1/2	1	1/2	1/2	1	1/2	1/2	1/2	1	1/2	0.058
C_{36}	1	2	2	1	1	1	1	1/2	2	1	0.115

经一致性检验，得 $\lambda_{max}=10.447$，$CI=0.050$，$CR=0.033<0.1$。

表 7.12 B_9 的判断矩阵及相应的权重

B_9	C_{37}	C_{38}	C_{39}	权重
C_{37}	1	1/2	1	0.261
C_{38}	2	1	1	0.411
C_{39}	1	1	1	0.328

经一致性检验，得 $\lambda_{max}=3.054$，$CI=0.027$，$CR=0.046<0.1$。

表 7.13　B_{10}的判断矩阵及相应的权重

B_{10}	C_{40}	C_{41}	C_{42}	C_{43}	C_{44}	C_{45}	C_{46}	C_{47}	权重
C_{40}	1	1	2	1	2	1	1	1	0.147
C_{41}	1	1	1	1	2	2	1	2	0.158
C_{42}	1/2	1	1	1	2	1	2	2	0.145
C_{43}	1	1	1	1	2	1	2	1	0.142
C_{44}	1/2	1/2	1/2	1/2	1	1/2	1	1	0.077
C_{45}	1	1/2	1	1	2	1	2	1	0.132
C_{46}	1	1	1/2	1/2	1	1/2	1	1	0.096
C_{47}	1	1/2	1/2	1	1	1	1	1	0.103

经一致性检验，得 $\lambda_{max}=8.277$，$CI=0.040$，$CR=0.028<0.1$。

2）对 B_1，B_2，…，B_{10}中的三级指标进行三级模糊综合评价，得到模糊矩阵如下：

$$\underset{\sim}{R}_{B1(3\times5)}=\begin{pmatrix}0.15 & 0.42 & 0.23 & 0.12 & 0.08\\0.10 & 0.36 & 0.14 & 0.13 & 0.27\\0.02 & 0.15 & 0.28 & 0.30 & 0.25\end{pmatrix}$$

$$\underset{\sim}{R}_{B2(4\times5)}=\begin{pmatrix}0.34 & 0.20 & 0.19 & 0.15 & 0.12\\0.04 & 0.10 & 0.32 & 0.30 & 0.24\\0.17 & 0.18 & 0.31 & 0.11 & 0.23\\0.02 & 0.11 & 0.16 & 0.45 & 0.26\end{pmatrix}$$

$$\cdots=\cdots$$

$$\underset{\sim}{R}_{B10(8\times5)}=\begin{pmatrix}0.13 & 0.30 & 0.25 & 0.23 & 0.09\\0.05 & 0.10 & 0.15 & 0.30 & 0.40\\0.02 & 0.18 & 0.47 & 0.30 & 0.03\\0.11 & 0.03 & 0.35 & 0.22 & 0.29\\0.22 & 0.46 & 0.14 & 0.12 & 0.06\\0.37 & 0.11 & 0.19 & 0.20 & 0.13\\0.03 & 0.25 & 0.29 & 0.18 & 0.25\\0.01 & 0.16 & 0.21 & 0.38 & 0.24\end{pmatrix}$$

3）利用普通矩阵乘法算子“·”进行模糊运算，模型运算中“·”表示广义合成算子，矩阵合成取（∧，∨），即 $\underset{\sim}{B}$ 的元素为：

$$b_j = \sum_{i=1}^{m}{}^{+} a_i * r_{ij} = (a_1 * r_{1j}) * (a_2 * r_{2j}) * \cdots * (a_m * r_{mi})$$

（$1 \leqslant j \leqslant n$）

得三级指标的评价模糊集为：

$$\underset{\sim}{B} = \underset{\sim}{A} \cdot \underset{\sim}{R} = (0.408, 0.357, 0.235) \cdot \begin{pmatrix} 0.15 & 0.42 & 0.23 & 0.12 & 0.08 \\ 0.10 & 0.36 & 0.14 & 0.13 & 0.27 \\ 0.02 & 0.15 & 0.28 & 0.30 & 0.25 \end{pmatrix}$$

$$= (0.150, 0.408, 0.235, 0.235, 0.270)$$

归一化，得 $B'_{B1(3)} = (0.116, 0.314, 0.181, 0.181, 0.208)$

同理，对其他三级子因素模糊评价向量进行如上运算，结果分别为：

$\underset{\sim}{B}'_{B2(4)} = (0.200, 0.160, 0.248, 0.200, 0.192)$

……

$\underset{\sim}{B}'_{B10(8)} = (0.178, 0.198, 0.198, 0.213, 0.213)$

4）计算二级指标权重，评价二级子指标元素对 A_1 的判断矩阵，将调查问卷统计分析后，得到如下判断矩阵，并计算相应的权重，如表 7.14 所示。

表 7.14　A_1 的判断矩阵及相应的权重

A_1	B_1	B_2	B_3	权重
B_1	1	1	2	0.406
B_2	1	1	3/2	0.369
B_3	1/2	2/3	1	0.225

经一致性检验，得 $\lambda_{max} = 3.009$，$CI = 0.005$，$CR = 0.008 < 0.1$。

同理，得出其他二级子指标元素对 A_2、A_3 的判断矩阵及相应的权重，如表 7.15 和表 7.16 所示。

表 7.15　A_2 的判断矩阵及相应的权重

A_2	B_4	B_5	B_6	B_7	权重
B_4	1	1/2	1/2	1	0.176
B_5	2	1	1	1	0.289
B_6	2	1	1	1	0.289
B_7	1	1	1	1	0.246

经一致性检验，得 $\lambda_{max}=4.061$，$CI=0.020$，$CR=0.023<0.1$。

表 7.16　A_3 的判断矩阵及相应的权重

A_3	B_8	B_9	B_{10}	权重
B_8	1	1	2	0.411
B_9	1	1	1	0.328
B_{10}	1/2	1	1	0.261

经一致性检验，得 $\lambda_{max}=3.054$，$CI=0.027$，$CR=0.046<0.1$。

5）进行二级指标的综合模糊评价。选择利用普通矩阵乘法算子“·”计算，所得结果如下：

$\underset{\sim}{B}'_{A1(3)}=(0.104,\ 0.286,\ 0.242,\ 0.195,\ 0.173)$

$\underset{\sim}{B}'_{A2(4)}=(0.003,\ 0.171,\ 0.455,\ 0.206,\ 0.165)$

$\underset{\sim}{B}'_{A3(3)}=(0.122,\ 0.364,\ 0.292,\ 0.106,\ 0.116)$

6）同理应用层次分析法得到一级指标的判断矩阵，并计算权重如表 7.17 所示。

表 7.17　A 的判断矩阵及相应的权重

A	A_1	A_2	A_3	权重
A_1	1	3/2	2	0.454
A_2	2/3	1	2	0.347
A_3	1/2	1/2	1	0.199

经一致性检验，得 $\lambda_{max}=3.018$，$CI=0.009$，$CR=0.016<0.1$。

应用模糊综合评判法，得出模糊评价向量为：

$\underset{\sim}{B}'_{A(3)}=(0.136, 0.212, 0.311, 0.205, 0.136)$

7）具体数据见表 7.18 至表 7.20。

表 7.18　服务价值共创能力评价结果表（1）

一级指标及权重	二级指标	权重	三级指标	权重	模糊综合评价各级评价向量				
					三级评价向量				
价值实现程度（A_1）0.454	财务绩效水平（B_1）	0.406	收益增长率（C_1）	0.408	0.116	0.314	0.181	0.181	0.208
			成本费用利润率（C_2）	0.357					
			总资产周转率（C_3）	0.235					
	顾客忠诚度（B_2）	0.369	重复购买率（C_4）	0.250	0.200	0.160	0.248	0.200	0.192
			交叉购买率（C_5）	0.250					
			推荐购买率（C_6）	0.375					
			价格忍耐力（C_7）	0.125					

续表

<table>
<tr><td rowspan="2">一级指标及权重</td><td rowspan="2">二级指标</td><td rowspan="2">权重</td><td rowspan="2">三级指标</td><td rowspan="2">权重</td><td colspan="5">模糊综合评价各级评价向量</td></tr>
<tr><td colspan="5">三级评价向量</td></tr>
<tr><td rowspan="10">价值实现程度（A₁）0.454</td><td rowspan="10">顾客满意度（B₃）</td><td rowspan="10">0.225</td><td>服务的可靠性（C₈）</td><td>0.119</td><td rowspan="8">0.019</td><td rowspan="8">0.171</td><td rowspan="8">0.332</td><td rowspan="8">0.275</td><td rowspan="8">0.203</td></tr>
<tr><td>服务的响应性（C₉）</td><td>0.111</td></tr>
<tr><td>服务的安全性（C₁₀）</td><td>0.132</td></tr>
<tr><td>服务过程简单程度（C₁₁）</td><td>0.066</td></tr>
<tr><td>服务成本降低率（C₁₂）</td><td>0.162</td></tr>
<tr><td>服务的透明度（C₁₃）</td><td>0.063</td></tr>
<tr><td>交换机制有效性（C₁₄）</td><td>0.170</td></tr>
<tr><td>相关能力的提升程度（C₁₅）</td><td>0.177</td></tr>
<tr><td rowspan="2"></td><td rowspan="2"></td><td colspan="5">二级评价向量</td></tr>
<tr><td>0.104</td><td>0.286</td><td>0.242</td><td>0.195</td><td>0.173</td></tr>
</table>

表 7.19 服务价值共创能力评价结果表（2）

<table>
<tr><td rowspan="2">一级指标及权重</td><td rowspan="2">二级指标</td><td rowspan="2">权重</td><td rowspan="2">三级指标</td><td rowspan="2">权重</td><td colspan="5">模糊综合评价各级评价向量</td></tr>
<tr><td colspan="5">三级评价向量</td></tr>
<tr><td rowspan="2">服务交互能力（A₂）0.347</td><td rowspan="2">扩展性（B₄）</td><td rowspan="2">0.176</td><td>相关最终服务项目数量比例（C₁₆）</td><td>0.429</td><td rowspan="2">0.010</td><td rowspan="2">0.125</td><td rowspan="2">0.408</td><td rowspan="2">0.357</td><td rowspan="2">0.100</td></tr>
<tr><td>相关产业数比例（C₁₇）</td><td>0.571</td></tr>
</table>

续表

<table>
<tr><td rowspan="2">一级指标及权重</td><td rowspan="2">二级指标</td><td rowspan="2">权重</td><td rowspan="2">三级指标</td><td rowspan="2">权重</td><td colspan="5">模糊综合评价各级评价向量</td></tr>
<tr><td colspan="5">三级评价向量</td></tr>
<tr><td rowspan="11">服务交互能力（A_2）0.347</td><td rowspan="2">顾客价值性（B_5）</td><td rowspan="2">0.289</td><td>相关最终服务的市场占有率（C_{18}）</td><td>0.333</td><td rowspan="2">0.105</td><td rowspan="2">0.390</td><td rowspan="2">0.285</td><td rowspan="2">0.174</td><td rowspan="2">0.046</td></tr>
<tr><td>相关最终服务的利润贡献率（C_{19}）</td><td>0.667</td></tr>
<tr><td rowspan="4">独特性（B_6）</td><td rowspan="4">0.289</td><td>综合度（C_{20}）</td><td>0.198</td><td rowspan="4">0.170</td><td rowspan="4">0.422</td><td rowspan="4">0.293</td><td rowspan="4">0.109</td><td rowspan="4">0.006</td></tr>
<tr><td>保密度（C_{21}）</td><td>0.184</td></tr>
<tr><td>技术领先度（C_{22}）</td><td>0.276</td></tr>
<tr><td>创新速度（C_{23}）</td><td>0.342</td></tr>
<tr><td rowspan="3">关联性（B_7）</td><td rowspan="3">0.246</td><td>与其他新、旧服务系统的关系强度（C_{24}）</td><td>0.261</td><td rowspan="3">0.002</td><td rowspan="3">0.242</td><td rowspan="3">0.325</td><td rowspan="3">0.288</td><td rowspan="3">0.143</td></tr>
<tr><td>与其他新、旧服务系统的关系多样性（C_{25}）</td><td>0.411</td></tr>
<tr><td>与其他新、旧服务系统的关系稳定性（C_{26}）</td><td>0.328</td></tr>
<tr><td rowspan="2"></td><td rowspan="2"></td><td rowspan="2"></td><td rowspan="2"></td><td colspan="5">二级评价向量</td></tr>
<tr><td>0.003</td><td>0.171</td><td>0.455</td><td>0.206</td><td>0.165</td></tr>
</table>

表 7.20 服务价值共创能力评价结果表(3)

一级指标及权重	二级指标	权重	三级指标	权重	模糊综合评价各级评价向量				
					三级评价向量				
基本保障能力(A_3)0.199	知识与技能技术水平(B_8)	0.411	与合作伙伴的联合程度(C_{27})	0.089	0.020	0.447	0.305	0.180	0.048
			有效沟通程度(C_{28})	0.066					
			信息共享程度(C_{29})	0.126					
			整合程度(C_{30})	0.133					
			隐性知识显化程度(C_{31})	0.077					
			对客户认知程度(C_{32})	0.097					
			安全与隐私保障程度(C_{33})	0.124					
			创新程度(C_{34})	0.115					
			应变灵活程度(C_{35})	0.058					
	组织结构水平(B_9)	0.328	服务自动化技术使用程度(C_{36})	0.115	0.104	0.255	0.320	0.160	0.161
			组织结构的扁平化(C_{37})	0.261					
			组织网络性(C_{38})	0.411					
			组织柔性化(C_{39})	0.328					

续表

一级指标及权重	二级指标	权重	三级指标	权重	模糊综合评价各级评价向量				
					三级评价向量				
基本保障能力（A_3）0.199	服务管理与文化水平（B_{10}）	0.261	顾客导向重视程度（C_{40}）	0.147	0.178	0.198	0.198	0.213	0.213
			共创价值理念理解程度（C_{41}）	0.158					
			领导体制合理程度（C_{42}）	0.145					
			员工服务授权程度（C_{43}）	0.142					
			法规制度健全程度（C_{44}）	0.077					
			业务流程规范程度（C_{45}）	0.132					
			绩效管理有效程度（C_{46}）	0.096					
			情境管理有效程度（C_{47}）	0.103					
					二级评价向量				
					0.122	0.364	0.292	0.106	0.116

7.4.3 评价结果及分析

以上对该电子商务类企业的服务价值共创能力分别从价值实现程度、服务交互能力和基本保障能力三个方面进行了层次分析和模糊综合评价，结果表明，根据最大隶属度原则，该企业的服务价值共创能力总体评价的最大隶属度值为0.311，评价结果为一般，说明该企业的服务价值共创能力水平仍有较大的提升空间。

结合以上三个评价结果（表 7.18 ~ 表 7.20），具体分析如下：

1）一级指标价值实现程度在三个一级指标中所占的权重最大，权重值为 0.454，根据最大隶属度原则，其模糊评价的最大隶属度值为 0.286，评价结果为较好。其下的三个二级指标中，财务绩效水平所占的比重最大，权重值为 0.406（其下的三级指标中，收益增长率所占的比重最大），最大隶属度值为 0.314，评价结果为较好。其他两个二级指标顾客忠诚度和顾客满意度所占的权重分别为 0.369 和 0.225（其下的三级指标中，分别是推荐购买率和相关能力的提升所占的比重最大），最大隶属度值分别为 0.248 和 0.332，评价结果都是一般。表明该企业在进行服务价值共创时，在价值实现方面尤其是财务绩效水平方面已取得较好的成绩，但在顾客忠诚度和顾客满意度方面尚需较大的改善。

2）服务交互能力在一级指标中所占的比重次之，权重值为 0.347，其模糊评价的最大隶属度值为 0.455，评价结果为一般。其下的四个二级指标中，顾客价值性和独特性的权重最大，均为 0.289（其下的三级指标中，分别是相关最终服务的利润贡献率和创新速度所占的比重最大），最大隶属度值分别为 0.390 和 0.422，评价结果都为较好。其他两个二级指标扩展性和关联性所占的权重分别为 0.176 和 0.246（其下的三级指标中，分别是相关产业数比例和与其他新、旧服务系统的关系多样性所占的比重最大），最大隶属度值分别为 0.408 和 0.325，评价结果都是一般。表明该企业在进行服务价值共创时，尽管在顾客价值性和独特性方面做出了一定的成绩，但是服务交互能力上的总体水平一般，亟待进一步地提高，尤其在扩展性和关联性方面提升空间更大。

3）基本保障能力在一级指标中所占的比重最小，权重值为 0.199。其模糊评价的最大隶属度值为 0.364，评价结果为较好。其下的三个二级指标中，知识与技能技术水平所占的比重最大，权重值为 0.411（其下的三级指标中，整合程度所占的比重最大），最

大隶属度值为 0. 447，评价结果为较好。其他两个二级指标组织结构水平和服务管理与文化水平所占的权重分别为 0. 328 和 0. 261（其下的三级指标中，分别是组织网络性和共创价值理念理解程度所占的比重最大），最大隶属度值分别为 0. 320 和 0. 213，评价结果分别是一般和较差。表明该企业在进行服务价值共创时，在基本保障能力方面尤其是知识与技能技术水平方面已取得较好的成绩，但在其他两个方面尚显明显不足，尤其是服务管理与文化水平方面仍有许多改善工作要做。

4）纵览该企业的服务价值共创能力的三个方面价值实现程度、服务交互能力和基本保障能力，做得最好的是基本保障能力，其次是价值实现方面，最差的是服务交互能力。因此该企业在未来开展价值共创工作时，要特别注重提高服务交互能力（尤其是扩展性和关联性方面），这样价值实现方面也会随之有所改善，服务价值共创能力的总体水平就会提高。

7.5 本章小结

本章首先介绍了评价指标体系构建的理论知识，包括设置原则、层次结构等，并在此基础上构建了服务价值共创能力的评价指标体系，最后综合运用层次分析法和模糊评价法对某一实际案例进行了评价分析验证。

8 结论与展望

8.1 全书总结

本书是在充分阅读大量文献尤其是英文文献的基础之上，结合当前服务经济的发展现状与服务科学的研究状况，综合运用服务科学、管理学、经济学、系统科学等多种学科的相关知识与方法撰写而成的。旨在通过本书可以在一定程度上解决当前服务经济面临的迫切问题——提高服务效果与风险的可预测性，提高服务效率，柔性满足客户差异性需求等。书中通过不同视角对知识密集型服务系统的服务价值共创研究进行了系统、深入分析，取得了一些研究成果。

1）首先通过概括归纳了在情报学领域引入的 21 世纪的新兴学科——服务科学的基本知识，对一些基本概念进行了界定，并从跨学科性、多方法性的相似点，研究对象、研究领域、理论基础、学科体系等不同点，研究方法借鉴、交叉研究领域等联系，三个方面对情报学和服务科学两种学科进行了比较分析，强调了两种学科之间的联系。

2）通过对知识密集型服务的理解，对其概念和分类进行了界定，并详细阐述了知识密集型服务中知识的创造和流动；构建了知识密集型服务系统的结构框架，并对其每个构成要素进行了说明；

通过建立服务系统四重循环学习模型和生命周期模型，描述了服务系统演化规律。

3）介绍了新型服务经济及其十大假设，并与传统经济进行了对比分析；概述了当前价值共创的几种典型观点，并引入了马克思主义价值论，为后续研究奠定了坚实的基础。

4）在对网络及价值网络的研究基础上，提出了服务价值网络概念模型，并对其每个组成部分进行了详细论述，并对价值网络的复杂性及 ICT 在价值网络中的作用进行了分析，对后续进一步研究作了很好的铺垫。

5）通过对当前几种服务模式的介绍，在服务蓝图理论发展的基础上，结合知识密集型服务价值创造的特点，构建了服务价值共创实现新模式，详细解剖了每一个组成部分，说明了构建过程、特点、作用等，并构建了实例。

6）由服务系统之间的多种交互作用构成的 ISPAR 模型，对其每一种交互作用进行了具体分析；以此为基点并在前面的研究基础上，构建了服务系统之间的服务价值共创体系，指出了价值共创的本质；通过对电子商务类知识密集型服务系统的了解，总结了服务价值创造动力。

7）构建服务价值共创能力的评价指标体系，综合运用层次分析和模糊评价方法对电子商务类知识密集型服务系统的服务价值共创能力进行了实证评价研究，为具体企业或行业明确客观地认知自身的服务价值共创能力及在同行业中的地位提供了有力论证。

8.2 研究展望

知识密集型服务系统的服务价值共创工作细致而复杂，内涵十分丰富，涉及的领域和范围也非常广泛。虽然我们在本书的前期准

备和实际撰写过程中付出了大量的心血并力求完善，但由于时间、精力和篇幅所限，目前的研究成果还存在着很多不足。我们认为以下问题还需要在今后的研究工作中进一步深入。

1）在服务价值网络的分析论述中，我们对其复杂性也进行了详细阐述，并给出了复杂性计算公式，但由于篇幅所限，我们并未结合实际案例对此进行验证，需要在后续研究中进一步展开。

2）本书对服务系统的演化规律进行了描述，但由于篇幅有限，并未充分阐述影响服务系统演化的制约因素，此处尚有较大的研究空间。

3）虽然在服务价值共创能力的评价指标体系中对服务的核心知识技能技术进行了度量评价，但由于篇幅所限以及为了突出重点，在评价前仅对 ICT 在服务价值共创过程中的作用进行了论述，并未对其他技术在服务价值共创中的作用展开讨论，因此尚需在后续相关研究中对此方面进行深入研究。

4）本书对服务价值创造动力的分析以及构建的服务价值共创能力的评价指标体系，仅适用于电子商务类服务系统，因此相关研究成果对其他类型的知识密集型服务系统并不适用，具有一定局限性。

5）本书构建的服务价值共创能力的评价指标体系还存在着个别指标不合理、统计口径不统一、指标值不易测算等现象，因此需要在未来的研究工作中逐步完善。

参考文献

［1］刘作仪，杜少甫. 服务科学管理与工程：一个正在兴起的领域［J］. 管理学报，2008，5（4）：610.

［2］A. 佩恩. 服务营销［M］. 郑薇译. 北京：中信出版社，1998.

［3］［美］菲利普·科特勒，托马斯·海斯，保罗·N. 布卢姆. 专业服务营销［M］. 俞利军译. 北京：中信出版社，2003. 8 第一版.

［4］黄少军. 服务业与经济增长［M］. 北京：经济科学出版社，2000.

［5］叶万春. 服务营销管理［M］. 北京：中国人民大学出版社，2003.

［6］张月莉，郭晶. 服务营销［M］. 北京：中国财政经济出版社，2002.

［7］Christina Gronroos. 服务市场营销原理［M］. 吴晓云，冯伟雄译. 复旦大学出版社，1998.

［8］薛虹. 关于服务科学（SSME）的若干问题［J］. 中国统计，2009（1）：53.

［9］吴建祖，张兴华，陆俊杰. 服务科学、管理与工程（SSME）学科体系构建［J］. 中国科技论坛，2009，1（1）：23－24.

［10］张晓林. 基于价值链的服务企业理论与创新研究［D］.

天津大学博士学位论文，2006（6）.

［11］靖继鹏，毕 强. 情报学理论基础［M］. 长春：吉林科学技术出版社，1996.

［12］梁战平. 21 世纪的新兴科学——服务科学［J］. 中国信息导报，2005（5）：11－14.

［13］王知津，郑红军. 数字时代情报学的发展及学科体系构筑［J］. 郑州大学学报（哲学社会科学版），2005（4）：10－11.

［14］赖茂生等. 情报学前沿领域的确定与讨论［J］. 图书情报工作，2008，52（3）：15－18.

［15］梁战平. 情报学和情报工作的发展趋势［J］. 图书情报工作，2009，53（2）：5－7.

［16］魏建良，朱庆华. 服务科学理论研究及其面临的挑战［J］. 外国经济与管理，2008，30（6）：15－19.

［17］梁战平，梁 建. 新世纪情报学学科发展趋势探析［J］. 情报理论与实践，2005，28（3）：227－229.

［18］刘 芸. 如何实现员工满意与企业绩效双赢［J］. 经济师，2004（11）：163－164.

［19］蒋才芳，易必武. 基于顾客价值的服务企业竞争力提升策略［J］. 吉首大学学报（自然科学版），2006，27（5）：120－123.

［20］孙 洪. 基于服务利润链理论的员工与顾客满意度［J］. 工业工程，2008，11（5）：136.

［21］［美］詹姆斯·A.，菲茨·西蒙斯，莫娜·J. 菲茨西蒙斯. 服务管理：运营、战略和信息技术（第二版）［M］. 张金成，范秀成等译. 北京：机械工业出版社，2000.

［22］梁战平. 21 世纪的新兴科学——服务科学［R］. 报告，2007.

［23］范秀成，杜建刚. 服务质量五维度对服务满意及服务忠诚的影响——基于转型期间中国服务业的一项实证研究［J］. 管理

世界，2006（6）：112－113.

［24］张金成. 服务利润链及其管理［J］. 南开管理评论，1999（1）：18－23.

［25］高充彦. 服务利润链在零售业中的应用［J］. 管理评论，2004，16（9）：18－24.

［26］张雪晶，李华敏. 企业服务利润链中的顾客满意度提升策略［J］. 浙江工商职业技术学院学报，2006，5（4）：8－10.

［27］张圣泉，杨 莉. 服务利润链下的商业零售企业竞争策略研究［J］. 商业时代，2007（33）：16－18.

［28］刘英楠. "服务科学"渐行渐近［N］. 科学时报，2007－05－08.

［29］吕 铎. 知识密集型服务业创新能力研究——以天津为例［D］. 河北工业大学硕士学位论文，2007.

［30］魏 江，Mark Boden. 知识密集型服务业与创新［M］. 北京：科学出版社，2004.

［31］魏 江，陶 颜，王 琳. 知识密集型服务业的概念和分类研究［J］. 中国软科学，2007（1）.

［32］金雪军，毛 捷，潘海波. 中国知识服务业发展问题探析［J］. 软科学，2002（3）.

［33］李 红. 知识密集型服务业特征剖析［J］. 情报杂志，2005（8）.

［34］马克思，恩格斯. 马克思恩格斯全集（第49卷）［M］. 北京：人民出版社，1982.

［35］马克思，恩格斯. 马克思恩格斯全集（第26卷 Ⅰ）［M］. 北京：人民出版社，1972.

［36］马克思，恩格斯. 马克思恩格斯全集（第23卷）［M］. 北京：人民出版社，1972.

［37］马克思，恩格斯. 马克思恩格斯全集（第24卷）［M］.

北京：人民出版社，1972.

［38］ 田志友，王涣尘. 解释结构模型在服务蓝图设计中的应用［J］. 工业工程与管理，2003（4）：46 - 50.

［39］ 田志友，田 澎，王浣尘. 基于服务蓝图技术的服务企业过程能力指数研究［J］. 工业工程与管理，2005（1）：6 - 10.

［40］ 翟运开. 基于服务蓝图的物流服务流程优化——以快递物流服务为例［J］. 工业技术经济，2009，28（12）：19 - 22.

［41］ 秦寿康等. 综合评价原理与应用［M］. 北京：电子工业出版社，2003.

［42］ Jing An, Baoxiang Xu. Services Science and Information Science［C］. Proceedings of 2010 International Conference on Innovation, Management and Service（ICIMS 2010）. Singapore, 26 - 28 February 2010, World Academic Union（World Academic Press）, England, UK, 2010: 151 - 154.

［43］ An Jing, Xu Baoxiang. Services Science Research［C］. International Conference on Engineering and Business Management（EBM 2010）. Chengdu, March 25 - 27, 2010, Scientific Research Publishing, USA, 2010: 4482 - 4485.

［44］ An Jing, Xu Baoxiang. Study of Relation Between Information Science and Services Science［C］. International Conference on Engineering and Business Management（EBM 2010）. Chengdu, March 25 - 27, 2010, Scientific Research Publishing, USA, 2010: 4486 - 4488.

［45］ SPOHRER J. Service Science: The Next Frontier in Service Innovation—IBM Interview With Jim Spohrer［R］. Singapore: IBM Singapore Pte Ltd, 2007.

［46］ Surinder Prakash. Value - Added Services: Best Practices［R］. IBM Research. November 2004: 3.

［47］ Innovate America: Thriving in A World of Challenge and

Change – National Innovation Initiative (NII) Final Report [R]. U. S. Council on Competitiveness, 2004.

[48] Blankson C., Kalafatiss P. Issues and Challenges in The Positioning of Service Brands: A Review [J]. Journal of Product & Brand Management, 1999, 8 (2): 106 – 118.

[49] Stanton W. J. Fundamentals of Marketing [M]. New York: Mcgraw Hill, 1964.

[50] Hill T. P. on Goods and Services [J]. The Review of Income and Wealth, 1977, 23 (4): 315 – 338.

[51] Mohr M., Russels A. North American Product Classification Systems: Concepts and Process of Identifying Service Products [C]. Proceedings of The 17th Annual Meeting of The Voorburg Group on Service Statistics Nantes, France, 2002.

[52] Sasser We, Olson R. P, Wyckoffdd. Management of Service Operation [M]. Boston: Allyn and Bacon, 1978.

[53] Zeithaml Va, Bitnerm J. Service Marketing [M]. New York: Mcgraw – Hill, 1996.

[54] Gronroos C. Service Management: A Management Focus for Service Competition [J]. International Journal of Service Industry Management. 1990, 1 (1): 6 – 14.

[55] Fitzsmmons J. A. Fitzsmmons M. J. Service Management: Operations, Strategy and Information Technology [M]. 3rd Bosten, MA: Mcgraw – Hill, 2005.

[56] Gadrey J. The Misuse of Productivity Concepts in Services: Lessons Form A Comparison Between France and United States [C]. Productivity, Innovation and Knowledge in Services: New Economic and Socio – Economic Approaches Edward Elgar: Cheltenham, UK, 2002.

[57] IBM Research. Services Science, Management and Engineer-

ing – Services Definition [EB/OL]. http://www.research.ibm.com/ssme/services.html, 2008.

[58] Paul P. Maglio, Savitha Srinivasan, Jeffrey T. Kreulen, Jim Spohrer. Service Systems, Service Scientists, SSME, and Innovation [J]. Communications of the ACM, July 2006, 49 (7): 81 – 85.

[59] Baruch, J. J., Quinn, J. B., P. Cushman Paquette. Technology in Services [J]. Scientific American, 1987, 257 (2): 50.

[60] Vargo, S. L., Lusch, R. F. Evolving To A New Dominant Logic for Marketing [J]. Journal of Marketing, 2004, 68: 1 – 17.

[61] Tadahiko Abe. What is Service Science? [R]. The Fujitsu Research Institute, Economic Research Center, Tokyo, Japan, 2005.

[62] Jim Spohrer, Doug Riecken. Services Science [J]. Communications of the ACM. July 2006, 49 (7): 32.

[63] Jim Spohrer, Michael Radnor. Welcome to Service Innovations for the 21st Century 2004 [R]. IBM Almaden Services Reaearch Center, CA. November 17 – 18, 2004: 44.

[64] Succeeding Through Service Innovation: A Service Perspective for Education, Research, Business and Government [C]. A Whitepaper Based on Cambridge Service Science, Management and Engineering Symposium (July 2007) & The Consultation Process (October – December 2007): 18.

[65] Wendy Murphy, Bill Hefley. What's New in Service Science, Management and Engineering [R]. IBM Report, Oct. 2, 2008: 8.

[66] Bernd Stauss. International Service Research – Status Quo and Developments – Consequences for the Emerging Services Science [C]. The First German Services Science Conference. April 6, 2006:

11 – 16.

[67] Xu, X. F., Wang, Z. J. & Mo, T. Methodology of Service Engineering [C]. 2006 Asia Pacific Symposium on Service Science, Management and Engineering, Beijing, China, November, 2006.

[68] Mary Jo Bitner, Stephen W. Brown. The Evolution and Discovery of Services Science in Business Schools [J]. Communications of the ACM, 2006, 49 (7): 74.

[69] Bernd Stauss. International Service Research – Status Quo and Developments – Consequences for the Emerging Services Science [C]. The First German Services Science Conference. April 6, 2006: 4 – 5, 11.

[70] Jim Spohrer. The Opportunities and Challenges of Doing Business in Today's Global Services Economy [C]. First German Services Science Conference. Ingolstadt, Germany, April 6, 2006 : 9.

[71] Paul P. Maglio. Service Science, Management and Engineering (SSME) [R]. America: IBM Almaden Services Research Center, 2006: 15 – 31.

[72] Claudio Pinhanez, Paul Kontogiorgis. A Proposal for a Service Science Discipline Classification Systems [C]. Presented at Frontiers in Service Conference, October 2008.

[73] Jim Spohrer, Stephen L. Vargo, Nathan Caswell, Paul P. Maglio. The Service System is the Basic Abstraction of Service Science [C]. Proceedings of the 41st Hawaii International Conference on System Science, 2008 : 3 – 5.

[74] Radding, A. How IBM is Applying Science [J]. Consulting Magazine, 2006 (3) : 10 – 19.

[75] Takagi, H. Research and Education of SSME in Japanese Universities [A]. In Hefley, B, and Murphy, W (Eds.). Service

Science, Management and Engineering Education for The 21st Century [C]. Springer US : Springer , 2008 : 347 – 354.

[76] IBM. IBM Systems Journal [EB/OL]. http : // www. research. ibm. com/ journal/ sj47 – 1. html, 2008 – 01 – 01.

[77] IBM. 2008 International Conference on Service Science [EB/OL]. http: // www – 304. ibm. com/jct09002c/ university/ scholars/ skills/ssme/ icsscall. pdf, 2007 – 12 – 01.

[78] T. R. Rust . SSME —Let's not Forget about Customers and Revenue [A] . In Hefley , B. , And Murphy , W. (Eds.). Service Science , Management and Engineering Education for the 21st Century [C]. Springer US : Springer , 2008 : 31 – 34.

[79] Bitner , M. J. , And Brown , S. W. The Evolution and Discovery of Services Science in Business Schools [J] . Communications of the ACM , 2006 , 49 (7) : 73 – 78.

[80] Husen , C. V. , et al . A Laboratory for Simulating and Testing New Service Concepts [R]. 16th Annual Frontiers in Service Conference , San Francisco , US , October , 2007.

[81] Christo Sims. Defining Services for Designers: Service as Systems of Social and Technical Relations [R]. UCB Ischool Report, 2007 (2): 7.

[82] Jim Spohrer, Paul P. Maglio, John Bailey, Dan Gruhl. Steps Toward a Science of Service Systems [R]. IBM Research, Almaden Research Center. USA.

[83] Robert J. Glushko, etc. A Systems Approach to Service Science Research [R]. Service Science Faculty Workshop, National Tsing Hua University, June 16, 2008.

[84] Michele Del Sordo. Introduction to Service Science [R]. Report form IBM. September, 2007: 41 –54.

[85] Kazuyoshi Hidaka. Trends in Services Sciences in Japan and Abroad [J]. Quarterly Review, 2006 (19): 40.

[86] Henry Chesbrough, Jim Spohrer. A Research Manifesto for Services Science [J]. Communications of the ACM, 2006, 49 (7): 35 -40.

[87] Takagi , H. Research and Education of SSME in Japanese Universities [A]. In Hefley, B, and Murphy, W (Eds.). Service Science, Management and Engineering Education for the 21st Century [C]. Springer US : Springer , 2008 : 347 - 354.

[88] Roberta, S. R. , and Christopher, W. Bringing Service Sciences into the Curriculum [A]. In Hefley, B, and Murphy, W (Eds.). Service Science, Management and Engineering Education for the 21st Century [C]. Springer US : Springer , 2008 : 137 - 140.

[89] Bitner, M. J. , et al. Services Science Journey : Foundations, Progress, Challenges [A]. In Hefley, B, and Murphy, W (Eds.) . Service Science, Management and Engineering Education for the 21st Century [C] . Springer US : Springer , 2008 : 227 - 234.

[90] Xu, Z. W. , Li , W. , and Liu, X. W. What Is "Service" in Service Science ? - A Computer Science Perspective [R]. 2006 Asia Pacific Symposium on Service Science, Management and Engineering, Beijing , China , November , 2006 : 5 - 9.

[91] Roberta, S. R. , and Christopher, W. Bringing Service Sciences into the Curriculum [A]. In Hefley, B, and Murphy, W (Eds.). Service Science, Management and Engineering Education for The 21st Century [C] . Springer US : Springer , 2008 : 137 - 140.

[92] Hidaka K. Trends in Services Sciences in Japan and Abroad [J]. Quarterly Review, 2006 (19): 35 -47.

[93] Spohrer J. , et al . Steps Toward a Science of Service Sys-

tems [J]. IEEE Computer Society , 2007 (1) : 71 - 77.

[94] Gadrey J. The Misuse of Productivity Concepts in Services: Lessons From a Comparison Between France and the United States [A]. Productivity, Innovation and Knowledge in Services: New Economic and Socio - Economic Approaches [M]. Edward Elgar Publisher, 2002.

[95] Paul P. Maglio, Savitha Srinivasan, Jeffrey T. Kreulen, Jim Spohrer. Service Systems, Service Scientists, SSME, and Innovation [J]. Communications of the ACM. July, 2006, 49 (7) : 83.

[96] Jim Spohrer, Stephen L. Vargo, Nathan Caswell, Paul P. Maglio. The Service System is The Basic Abstraction of Service Science [C]. Proceedings of the 41st Hawaii International Conference on System Science, 2008: 7.

[97] S. Alter. Service System Fundamentals: Work System, Value Chain, and Life Cycle [J]. IBM Systems Journal, 2008, 47 (1) : 71 -85.

[98] Mary Jo Bitner, Amy L. Ostrom, Felicia N. Morgan. Service Blueprinting: A Practical Technique for Service Innovation [R]. Center for Services Leadership, Arizona State University, 2007.

[99] G. L. Shostack. Designing Services That Deliver [J]. Harvard Business Review, 1984 (62): 133 - 139; G. L. Shostack. Service Positioning Through Structural Change [J]. Journal of Marketing, 1987 (59): 34 -43.

[100] Roger W. Schmenner. How Can Service Business Survive and Prosper? [J]. Sloan Management Review, 1986, 27 (3): 25.

[101] Paul P. Maglio. The Future of Service Science [R]. IBM Almaden Research Center and UC Merced. October 8, 2008: 43.

[102] Heskett J. Jones T. Loveman G. et al. Putting the Service Profit Chain to Work [J]. Harvard Business Review, 1994, 72 (2):

164 –174.

[103] Roger Hallowell, Leonard A. Schlesinger, Jeffrey Zornitsky. Internal Service Quality, Customer and Job Satisfaction: Linkages and Implications for Management [J]. Human Resource Planning, 1996, 19 (2): 20 –31.

[104] Gronroos. Strategic Management and Marketing in the Service Sector [R]. Swedish School of Economics and Administration, 1982.

[105] Oliver, R. L. A Cognitive Model of the An – Tecedents and Consequences of Satisfaction Decisions [J]. Journal of Marketing Research, 1980.

[106] Lehtinen, Uolevi and Jarmo R. Lehtinen. Service Quality: A Study of Quality Dimensions [R]. Unpublished Working Paper, Helsinki: Service Management Instituted, 1982.

[107] Edvardsson, Lars Haglund and Jan Mattsson. Analysis, Planning, Improvisation and Control in the Development of New Services [J]. International Journal of Service Industry Management, 1989.

[108] Parasuraman, Zeithaml and Bery. A Conceptional Model of Service Quality and its Implications for Future Research [J]. Journal of Marketing, (Fall) 1985 (49): 41 –50.

[109] Cronin, J. J., Taylor, S. A Servperf Versus Servqual: Reconciling Performance Based and Perceptions – Minus – Expectations Measurement of Service Quality [J]. Journal of Marketing, 1994 (58): 125 –131.

[110] Lanline. Management & Administration—IT—Service—Management [D]. ITSM—Prozesse Einfuhren, 2005 (4): 68.

[111] Loveman G. W. Employee Satisfaction, Customer Loyalty Profit and Performance: An Empirical Examination of the Service Chain Financial in Retail Banking [J]. Journal of Service Research, 1998, 1

(1): 18 -31.

[112] Silvestro Rhian, Stuart Cross. Applying the Service Profit Chain in a Retail Environment Challenging the Satisfaction Mirror [J]. International Journal of Service Industry Management, 2000, 11 (3): 244 -268.

[113] Anthony J. Ruc I Steven P. Kim, Richard T. Quinn. The Employee - Customer - Profit Chain at Sears [J]. Harvard Business Review, 1998, 76 (1): 82 -97.

[114] Ammon Salter, Bruce S. Tether. Innovation in Services: Through the Looking Glass of Innovation Studies [EB/OL]. http: //www. sbs. ox. ac. uk/faculty/sako + mari/gcs. htm, 2008.

[115] Chesbrou Gh. H. , Spohrer J. A Research Manifesto for Services Science [J]. Communications of the ACM—Special Issue: Services Science, 2006, 49 (7) : 35 -40.

[116] Inform S. Section on Service Science [Z]. Hanover, Maryland: INFORM S, 2007.

[117] R. C. Basole, W. B. Rouse. Complexity of Service Value Networks: Conceptualization and Empirical Investigation [J]. IBM Systems Journal, 2008, 47 (1): 53.

[118] Stephen L. Vargo, Paul P. Maglio, Melissa Archpru Akaka. On Value and Value Co - Creation: A Service Systems and Service Logic Perspective [J]. European Management Journal, 2008, 26 (3): 145 -152.

[119] Per Andersson, Christopher Rosenqvist, Omid Ashrafi. Mobile Innovations in Healthcare: Customer Involvement and the Co - Creation of Value [J]. Int. J. Mobile Communications, 2007, 5 (4): 371 -388.

[120] Muller, E. , Zenker, A. Business Services and as Actors

of Knowledge Transformation: The Role of KIBS in Regional and National Innovation Systems [J]. Research Policy, 2001 (30): 1501 -1516.

[121] Strambach S. Innovation Processes and the Role of Knowledge - Intensive Business Service. Koschatzky K Kulicke M. Zenker A. Innovation Networks - Concepts and Challenges Perspective [M]. Physica, Heidelberg, 2001: 53 -68.

[122] Bilder Beek R. and Hertog P. D., Marklund G., Miles I. Service in Innovation: Knowledge Intensive Business Service (KIBS) as Co - Producer of Innovation [EB/OL]. 1998, P. 11, http: //les. man. ac. uk/PREST/research/si4s. html.

[123] The Work System Framework (Presented Here in a Slightly Updated Form) and the Work System Life Cycle Model are Explained in Substantial Depth [J]. in S. Alter. The Work System Method: Connecting People, Processes, and IT for Business Results [M]. Work System Press, Larkspur, CA (2006).

[124] C. Hill, R. Yates, C. Jones, and S. L. Kogan. Beyond Predictable Workflows: Enhancing Productivity in Artful Business Processes [J]. IBM Systems Journal, 2006, 45 (4): 663 -682.

[125] S. Alter. Service Responsibility Tables: A New Tool for Analyzing and Designing Systems [C]. AMCIS 2007, Americas Conference on Information Systems, Keystone, CO (Aug. 9 -12, 2007).

[126] Paul Lillrank. An Event - Based Approach to Services [C]. Presented at Frontiers in Service Conference, October 2008.

[127] Smith, A. An Inquiry into the Nature and Causes of the Wealth of Nations [M]. W. Strahan and T, Cadell, London, U. K., 1776/1904.

[128] Baumol, W. J. Services as Leaders and the Leader of the Services [M]. In J. Gadrey and F. Gallouj. Productivity, Innovation

and Knowledge in Services: New Economic & Socio – Economic Approaches [M]. Edward Elgar Cheltenham, U. K., 2002: 147 – 163.

[129] Gadrey, J. and F. Gallouj. Productivity, Innovation and Knowledge in Services: New Economic & Socio – Economic Approaches [M]. Edward Elgar Cheltenham, U. K., 2002.

[130] Porat, M. U. the Information Economy: Definition and Measurement, US Department of Commerce [M]. Office of Telecommunications, OT Special Publication, 77 – 12 (1), 1977.

[131] Solow, R. A Contribution to the Theory of Economic Growth [J]. Quarterly Journal of Economics, February, 1956.

[132] Lusch, R. F. and S. L. Vargo. The Service – Dominant Logic of Marketing: Dialog, Debate and Directions [C]. M. E. Sharpe, Armonk, NY, 2006.

[133] Vargo, S. L. and R. F. Lusch. Evolving to a New Dominant Logic for Marketing [J]. Journal of Marketing, 2004 (68): 1 – 17.

[134] Hunt, S. D. A General Theory of Competition: Resources, Competences, Productivity, and Economic Growth [M]. Sage Publications Thousand Oaks, CA, 2000.

[135] Normann, R. Reframing Business: When the Map Changes the Landscape [M]. Wiley, Chichester, U. K., 2001.

[136] Zuboff, S. and J. Maxmin. the Support Economy [M]. Penguin, New York, 2002.

[137] Vargo, S. L. and F. W. Morgan. An Historical Reexamination of the Nature of Exchange: The Service – Dominant Perspective [J]. Journal of Macromarketing, 2005, 25 (1): 42 – 53.

[138] Vargo, S. L. and R. F. Lusch. Service – Dominant Logic: What it is, What it is Not, What it might be [C]. In, R. F. Lusch

and S. L. Vargo (Eds) the Service - Dominant Logic of Marketing: Dialog, Debate, and Directions, M. E. Sharpe, Armonk, NY, 2006: 43 - 56.

[139] Bastiat, F. Selected Essays on Political Economy [M]. Patrick S. Sterling, Trans, G. B. de Huzar. (Ed.), D Van Nordstrand, Princeton, NJ, 1848/1964.

[140] Katherine Ahern, Zachary Gillen, Jill Blue Lin. MD: Notes—Designing An Information Service for Public Hospitals [R]. UCB ischool Report, April 2008: 5.

[141] Nuseibeh, B. and S. Easterbrook. Requirements Engineering: A Roadmap [C]. Proceedings of the Conference on the Future of Software Engineering, 2000: 37.

[142] LOHR S. Academia Dissects the Service Sector, But is it a Science? [N]. New York Times, 2006 - 04 - 18.

[143] JANA R. Service Innovation: the Next Big Thing, in Business Week [M]. Columbus, Ohio: Mcgraw Hill, 2007.

[144] Vargo, Akaka. Service - Dominant Logic as a Foundation for Service Science: Clarifications [J]. Service Science, 2009, 1 (1): 32 - 41.

[145] Vargo, S., R. F. Lusch. M. A. Akaka, Y. He. The Service - Dominant Logic: A Review and Assessment [J]. Review of Marketing Research , 2009.

[146] Jim Spohrer. Service Science, Management, and Engineering (SSME): A Next Frontier in Education, Employment, Innovation, and Economic Growth [R]. IBM Research Report, December 2006.

[147] Stephen L. Vargo. Alternative Logics for Service Science and Service Systems [R]. Research Report. March, 2009.

[148] Mike P. Papazoglou. The Chanllenges of Service Evolution

[C]. Keynote: 20th International Conference on Advanced Information Systems Engineering. Montpellier, 18 June 2008.

[149] Oliver R. L. Whence Consumer Loyalty? [J]. Journal of Marketing, 1999, 63 (Special Issue): 33 -44.

[150] Reichheld F. F. The Loyalty Effect—the Relationship between Loyalty and Profits [J]. European Business Journal, 2000, 12 (3): 173 -179.

后　记

值此书稿即将完成之际，心中有颇多感慨，付诸笔端。

从事科研需要相当大的毅力和坚持，我首先要感谢的是恩师徐宝祥教授，在本人在读期间一直给予帮助和支持。徐老师严谨的治学态度深深感染了我，并时刻督促我不断奋发上进，努力做到更好；徐老师刚直不阿的为人处事的态度使我受益匪浅，对我性格的塑造产生了重要的影响。同时也感谢徐老师的家人刘老师等长期以来给予我的关怀，让我这个在异地求学的游子在深冬仍能感受到阵阵暖意，让冬天不再寒冷。

感谢我生活学习了十年的吉林大学南岭校区，感谢在我成长道路上一直给予我指引的信息管理系的所有老师，靖继鹏老师、毕强老师、李贺老师、张向先老师、王萍老师、张海涛老师等，你们不仅丰富了我的专业知识，更教会了我做人的道理，感谢一路上有你们！

感谢管理学院的所有老师，耿爱静老师、曲思伟老师等，感谢你们所提供的帮助。特别感谢曲老师以及所有在本科阶段给予我无私帮助的热心人，你们的帮助是我不断前进的动力。

感谢在我困难的时刻，一直以来站在我身后给予支持和援助的同学和师兄弟姐妹们，郑荣、周志强、刘战礼、张云中、崔金栋、王新媛、尹长余、陈晓美、贯君、关欣、柳青等，你们所提供的所有帮助，我将永远铭记于心中！

感谢我的朋友宁蕾、张艳等，谢谢你们一直以来给予我的支持和关心，你们是我永远的朋友！

感谢常州工学院对本人工作的理解和支持。感谢经济管理出版社的杨雪编辑及其他工作人员，没有你们的辛勤劳动，本书稿无法顺利出版，谢谢你们！

最后要感谢我的家人，我所取得的一切成绩源于你们的理解和支持，你们是我坚强的后盾，是我克服困难不断前进的力量源泉，我永远爱你们！

总而言之一句话，感谢所有帮助过我的人，祝福你们，世界因你们的存在而变得更加精彩！

（也谨以此书献给我曾经的同窗好友陈云云，每每遇到困难时，她生前不断奋发进取的精神时刻激励着我，希望你在另一个世界里仍然活得精彩。）

安静

2013 年 9 月